营地教育课程
设计与实施

杨昕 刘伟 主编

上海交通大学出版社

内容提要

本书系统阐述了营地教育活动课程的设计理念、体系构建、实践应用及评价机制等，既具有理论性，又具有实操性，旨在为广大教育工作者、家长及青少年提供一份全面而深入的营地教育指南。本书强调跨学科学习能力，注重项目化学习实践，可作为校外教育工作者指导学生实践的操作指南，也可作为上海市中小学生校外教育实践的参考教材。

图书在版编目(CIP)数据

营地教育课程设计与实施 / 杨昕，刘伟主编. -- 上海：上海交通大学出版社，2025.4
 ISBN 978-7-313-28366-5

Ⅰ.①营… Ⅱ.①杨… ②刘… Ⅲ.①青少年—课外活动—研究 Ⅳ.①G632.428

中国国家版本馆 CIP 数据核字(2023)第 038244 号

营地教育课程设计与实施
YINGDI JIAOYU KECHENG SHEJI YU SHISHI

主　编：杨昕　刘伟	
出版发行：上海交通大学出版社	地　址：上海市番禺路 951 号
邮政编码：200030	电　话：021 - 64071208
印　制：上海新艺印刷有限公司	经　销：全国新华书店
开　本：787 mm×1092 mm　1/16	印　张：11.25
字　数：212 千字	
版　次：2025 年 4 月第 1 版	印　次：2025 年 4 月第 1 次印刷
书　号：ISBN 978 - 7 - 313 - 28366 - 5	
定　价：68.00 元	

版权所有　侵权必究
告读者：如发现本书有印装质量问题请与印刷厂质量科联系
联系电话：021 - 33854186

前言
FOREWORD

本书是上海市青少年校外活动营地——东方绿舟开展跨部门、多教师群体性研究取得的最新成果。本书以营地教育项目化学习为导向，旨在落实立德树人的根本任务，探索营地教育的未来发展趋势，提升营地教育的效果与体验。针对青少年在营地教育活动领域的质疑和困惑，由东方绿舟国际交流与教育研发部作为专业牵头人，由各部门教研组主要成员组成核心研究团队，对营地教育活动的板块和体系进行了系统的梳理，组织各专业和各层次的教师对营地教育活动的板块及体系进行专题讨论，并在营地教育活动板块的划分上达成共识，这有利于营地教育活动课程规范化、科学化和优质化的开展及实施。从落实"双新"要求，聚焦课堂教学的角度看，本书也是东方绿舟探索营地教育教师在专业方面协同发展，教学与教研一体化的实践成果之一。

本书兼具理论性、广泛性和实践性；分板块构建了活动课程指导纲要，并结合各板块的活动课程指导纲要创设了相应的活动课程，各活动课程分别从教学目标、教学分析、教学过程、教学评价与反思四个维度进行详细的解析；所选的典型活动案例，经过东方绿舟的教师组织实施，具有可行性、操作性、实践性和示范性。本书既具有理论性，又具有实操性，适用于营地教育的研究者，可为广大教育工作者、家长及青少年提供一份全面而深入的营地教育指南。通过本书，我们希望能够分享营地教育的核心理念，探讨其在孩子们成长过程中的重要作用,并介绍一系列丰富多样的营地教育活动和实践案例,通过各种特色活动、创新项目,激发孩子们的潜能,培养他们的团队协作、创新思维、问题解决等综合能力。

  本书如有不足之处,敬请营地教育研究专家、同行和读者批评指正。衷心希望本书能够成为您了解营地教育、参与营地教育、推动营地教育发展的有益参考。让我们携手共进,为青少年的成长创造一个更加美好、更加多彩的未来。

目录
CONTENTS

第一章　"大美之艺"活动课程 / 1
  第一节　"大美之艺"活动课程指导纲要 / 1
  第二节　求知岛探秘 / 6
  第三节　仿生设计 / 13
  第四节　昆虫旅馆 / 21

第二章　"未来植物学家研习班"活动课程 / 26
  第一节　"未来植物学家研习班"活动课程指导纲要 / 26
  第二节　认识植物 / 31
  第三节　走近植物 / 44
  第四节　植物拓染 / 47
  第五节　遇见植物,遇见服装设计 / 49

第三章　"以竹为媒,生态优先"活动课程 / 53
  第一节　"以竹为媒,生态优先"活动课程指导纲要 / 53
  第二节　认识竹子 / 57
  第三节　以竹固碳 / 60
  第四节　竹编文化 / 63
  第五节　听风竹屋 / 65
  第六节　竹韵诗歌 / 69

第四章 "桥梁之美"活动课程 / 72

第一节 "桥梁之美"活动课程指导纲要 / 72
第二节 寻找最美的桥 / 77
第三节 挑战运动的桥 / 82
第四节 探秘彩虹桥 / 88
第五节 搭建未来友谊之桥 / 91

第五章 "绿色中国,绿色未来"活动课程 / 96

第一节 "绿色中国,绿色未来"活动课程指导纲要 / 96
第二节 地球村建筑之美 / 99
第三节 地球村植物鉴赏 / 104
第四节 地球村环保之路 / 118

第六章 "中国人的生态智慧"活动课程 / 123

第一节 "中国人的生态智慧"活动课程指导纲要 / 123
第二节 诗意绿舟 / 126
第三节 绿舟赏秋 / 135

第七章 "同住地球村"活动课程 / 140

第一节 "同住地球村"活动课程指导纲要 / 140
第二节 走进地球村 / 146
第三节 我眼中的地球村四季 / 157
第四节 地球村寻宝 / 162
第五节 地球村雕塑之美 / 165
第六节 地球村音乐小舞台 / 169

参考文献 / 173

第一章

"大美之艺"活动课程

第一节 "大美之艺"活动课程指导纲要

一、意义与背景

2020年10月,中共中央办公厅、国务院办公厅印发了《关于全面加强和改进新时代学校美育工作的意见》(以下简称《意见》),旨在以提高学生审美和人文素养为目标,弘扬中华美育精神。《意见》强调,美是纯洁道德、丰富精神的重要源泉。美育是审美教育、情操教育、心灵教育,也是丰富想象力和培养创新意识的教育,能提升审美素养、陶冶情操、温润心灵、激发创新创造活力。应以立德树人为根本,以社会主义核心价值观为引领,以提高学生审美和人文素养为目标,弘扬中华美育精神,以美育人、以美化人、以美培元,把美育纳入各级各类学校人才培养全过程,贯穿学校教育各学段,培养德智体美劳全面发展的社会主义建设者和接班人。

作为上海市乃至全国特大型校外教育实践基地,东方绿舟(以下或简称"绿舟")顺应时代潮流,积极响应新时代呼唤,各类美育的校本课程也应运而生。东方绿舟总占地面积5 600亩,无论在地理位置还是在环境资源方面,都为课程资源的开发提供了便利。尤其是绿舟的"地球村",被学生亲切地叫作"世界家园"。地球村内屹立着世界各国风格的建筑公寓,向学生们展示着它们风格迥异的建筑特色和风土人情,也展示了世界各地的审美观。因此教育资源充实的绿舟,应该充分利用地球村的环境,为青少年学生设计崭新的美育活动课程,实施素质教育,培养学生的审美观。还有波光潋滟的淀山湖畔,植被葱绿的求知岛,绿油油的大草坪,生态多样的渔人码头小湿地等营地教育资源,为美育活动课程开发提供了优质的便捷平台。当下,青少年学生的好奇心强,愿意探索新的事物,对世界充满了探究欲。"大美之艺"活动课程根据户外营地实践活动的目的、内容、方式等特殊性,与学校教育、生活实际有机结合,发挥营地教育的优势,激发学生浓厚的学习兴趣,培养学生自主学习,勤于思考,并根据不同的环境及时调整应对的策略和方法。

传统手工业大多依靠天然材料,如木材、竹材、石材等。手工是人类进化的标志,传统工艺体现了人与自然的和谐互动,也是心手相通的完美融合,体现了"天人合一""敬天爱人"的手工精神。作为人类文明史的创新载体,设计从来都是为生活服务的,更是生活必需品,而不仅是摆设品。"天人合一、自然之道、物尽其用、物尽其美"是东方生活美学的哲学思考。人与人、人与自然、人与物的和谐关系,正是现代设计所要关注解决的三大关系问题。中国的传统工艺设计讲究"器用为美,日用即道",环境与器具相互融合,美美与共。但是,随着工业产品大量进入现代生活,传统民间工艺品的实用价值逐渐隐退到文化和审美价值之后,远离了民众的日常生活。在利益的驱动下,工艺产品追求"精细""精巧"和纯粹技艺的展示,为美而美、为巧而巧的逐利倾向日益突出。传统工艺的隐退和发展中的问题,使其转型发展已成为必然。但是,传统工艺的价值该如何存留?新时期的生命活力该如何重塑?这都是我们需要思考的时代问题。在东方绿舟,让我们重新思考手工业对于人类的价值,对于生活美学的价值。

二、课程的基本认识

(一) 课程的教育目标

"大美之艺"课程,根据中国学生发展核心素养,以科学性、时代性和民族性为基本原则,以培养"全面发展的人"为核心主题思路。通过创设一定情景,让青少年亲身体验,在生活中、社会中获得认识与感悟,培养他们的审美能力、实践能力、创新能力以及热爱生命、热爱自然的良好心理素质和道德品质(见表1-1)。

表1-1 "大美之艺"课程目标

三个方面	基本素养	能力培养	具 体 要 求
文化基础	人文底蕴	了解传统工艺之美	通过在"求知岛"的探秘,学习和掌握识图用图的基本知识及技能;在探秘的过程中,了解求知岛上的植被,观察它们的形体及色彩;结合探秘的驱动任务,掌握一定的植被造型及色彩构造知识。在求知岛上,探访"中华大扁锹""蜻蜓""蟋蟀""织布娘""蚂蚁"等昆虫,记录它们的体态、花纹、颜色、形状等特征,了解昆虫的保护色与未来仿生设计的关联。观察传统工艺与现实生态环境的关联,在体验中提高审美情趣,结合传统工艺特征和动植物之间的关联,设计一个昆虫生态旅馆,弘扬中华美育精神
		提高审美情趣	
		弘扬中华美育精神	

(续表)

三个方面	基本素养	能力培养	具 体 要 求
文化基础	科学精神	学会正确判断 运用现代技术 进行研究学习	开展各类自主探究学习,有目的地根据任务驱动到达各目的地,收集昆虫信息,植被生态等资料;运用现代定向技术,制定最佳路线,运用网络信息,提高信息搜集与问题解决能力,提升学习能力;学习并实践相关昆虫标本的制作;联系学科及生活知识,拓宽知识面,提高综合学习能力
自主发展	学会学习	创建生态昆虫旅馆 仿生设计 学会自我反思	通过仿生设计和生态昆虫旅馆的设计制作,体验仿生设计制作和环保理念的建筑设计;在体验过程中运用自己所学的学科知识、课外知识等,学以致用,激发学习潜能;在实践中,克服遇到的困难,学会反思,完善自我
	健康生活	培养健康兴趣 提升团结协作 展示个性特长	践行社会主义核心价值观,注重校内外课程的有效衔接,促进全面发展,提升科学素养;通过实践,学会在陌生的环境中分工合作,学会与人沟通、相处的技巧,寻找解决困境的方法;通过临摹,培养创新设计能力和动手能力;培养审美观,在活动中展现个性特长
社会参与	责任担当	增强公民意识 规范道德行为 树立奋斗目标	在活动体验中,学会分工,树立责任意识和担当意识,关心他人,关心集体;规范自我行为,树立正确的人生观和世界观,立志成为对社会有用的人才
	实践创新	学习相关技能 磨练意志品质 开拓创新精神	通过活动体验,掌握相关技能并能熟练运用;增强审美观念,掌握解决问题的方法,在活动任务探索中磨练意志品质;增强安全意识,提升自我保护能力;敢于创新,勇于探索,对遇到的问题提出自己的看法

(二) 课程的教学原则

本课程坚持教育性原则,结合学生身心特点、接受能力和实际需要,注重系统性、知识性、科学性和趣味性,为学生全面发展提供良好成长空间。"大美之艺"活动课程坚持实践性原则,凭借东方绿舟求知岛的特有植被和生态多样性,因地制宜,呈现地域特色,引导学生走出校园,在与日常生活不同的环境中拓宽视野、丰富知识、了解社会、认识世界、参与体验。可以让学生走出课堂,开拓视野,陶冶情操,在活动中,体验玩中学,学中做。学生在课程活动中要学会如何建设生态环境,如何设计未来仿生设备、昆虫旅馆,从而提升社会责任感和历史使命感。为此在课程设计上,坚持了三个"统一"。

1. "大美之艺"活动课程与营地素质教育目标的统一

本课程以营地"求知岛"特有的资源为背景,突出求知岛生态多样性的特点,以活动为载体,培养学生群策群力、共同解决困难的团队合作精神及创新能力,培养学生主动作为、履职尽责、对自我和他人负责的社会责任感。

2. 课程学习与自主实践的统一

营地活动课程具有自然性、开放性、实践性、互动性和综合性的特点,决定了本课程在实施过程中,需要学生通过学习获得知识经验及工具使用的方法技巧,通过实践寻找通往目的地的途径,提高解决各种突发问题的能力,通过活动培养学生对建筑、环保、设计、运动等的兴趣。

3. 课程手段与育人目标的统一

本课程强调在学中做、在做中学,使做、学相结合。课程的设计向真实生活情境转化,设置不同风格的昆虫旅馆和仿生设计,注重学生身临其境的体验性,引导学生热爱自然美育、热爱生态环境、热爱健康生活,养成积极向上、不怕挫折、勇敢向前的心理品质,实现和谐自主的发展。

(三)课程内容

课程的开发,不仅需要传承和弘扬传统文化,也要符合时代发展的需要、符合学生身心发展和人才培养的需要,所以本课程在内容设计上突出实践性与知识性融合,科学性与教育性融合。通过设置情境,将学生置于真实的活动情境中,获得更多的体验和感悟,更好地践行社会主义核心价值观。

表1-2 "大美之艺"课程内容

课程名称	课程内容	课程目标
求知岛探秘 (1课时)	1. 探访"中华大扁锹""蜻蜓""蟋蟀""织布娘""蚂蚁"等昆虫,并记录它们的体态、花纹、颜色、形状等特征 2. 探秘传统工艺的设计与自然生态中动植物的关联性	1. 初步掌握任务书上的相关图示标记;以小组的形式,按照任务书寻找相关的动植物 2. 了解任务书上相关动植物的体态、颜色及生活环境 3. 在活动中,观摩传统工艺品,理清它们的设计理念 4. 探秘传统工艺和自然美育之间的关联,为下一节课的仿生设计寻找创作灵感
仿生设计 (1课时)	1. 临摹自己观察到且喜欢的动植物形态并在图纸上绘制 2. 用彩泥设计自己心中的仿生产品	1. 初步了解临摹的基本知识,了解仿生设计风格,学会在大自然中获取创作灵感 2. 通过彩泥完成仿生产品设计,提高审美能力,提升观察能力,锻炼动手能力及创造能力 3. 学会分工合作,增强集体意识和责任感
昆虫旅馆 (2课时)	1. 收集设计昆虫旅馆的制作材料 2. 小组讨论昆虫旅馆设计图 3. 昆虫旅馆搭建	1. 通过活动普及环保材料,树立保护环境的意识 2. 创设激烈的竞争环境,提升应变能力和创造能力 3. 按照设计图,明确任务、各尽其责、分工搭建,完成昆虫旅馆的搭建

（四）课程的教学方法

在组织模式上，以项目化学习为主导，通过任务驱动的模式，体现自主、体验、合作学习的统一性。通过讲授和讨论交流，互相启发思维，以明确目标；通过演示，指导学生正确使用工具，掌握方法；通过情境教学，使学生在潜移默化中感受自然生态的多元性；通过实践操作，引导学生学会合作、克服困难；通过网络多媒体技术，让学生热爱科学、善于创新、勤动脑；通过小组辩论的方式，创设激烈竞争的环境，培养学生善于创新、勇于争先的激情；通过模拟仿生产品设计，提升学生的动手能力和创造力，同时学会在大自然中获取创造灵感。最终，使学生养成勇于创新、热爱生活、关爱他人的良好品质。

三、课程评价

"大美之艺"活动课程以综合实践活动为主，引导学生主动参与、学会合作、乐于探究、勤于思考、提高生存能力，关注学生在实践活动中的表现及获得的体验与感悟。采用多元化的评价方式，由学生自评、同学互评和教师评价三部分组成。每个评价主体都具有相同的权重，活动中的每一个参与者都能成为评价者，可以提升学生的积极性。新型的评价机制把学生的体能、知识与技能、学习态度、情意表现与合作精神纳入学习成绩评定的范围，并让学生自主参与活动评价过程，以体现学生学习的主体性，从而提高学生的学习兴趣。评价要求包括两个方面。

（一）把握过程性评价和结果性评价的平衡

我们重视结果，更重视过程。强调课程的过程评价，即评价学生在"大美之艺"活动课程中的各种表现，以及他们是如何解决问题的，主要是注重学生主动参与的积极性、创造性以及感悟的深刻性。在活动中，由于各种原因，可能有个别小组会失败，没有在指定的时间到达目的地或完成任务，即使是这样的情况，也要指导学生正确地对待发生的问题，讨论失败的原因，这也是学生获得宝贵经验的重要途径。同时，对失败的小组，更要把他们在活动中的闪光点放大，肯定其价值；还要让学生学会换位思考，从得失中总结经验，这些往往比结果更为重要。

（二）明确量化评价与质性评价的定位

在量化评价的基础上，侧重评价的激励性与导向性，促使学生在活动中表现得越来越好。为此，设计了活动课程的评价量表，除了遵守纪律、承担小组责任、完成任务的情况，还特别设置了鼓励他人、愿意帮助他人、乐意参与活动等项目。量化评价与质性评价的相辅相成，促使学生在活动中始终保持集体意识，并通过"大美之艺"活动课程加深与同学之间的友谊,在相互鼓励中共同进步,感受成功的喜悦,同时反思自己的不足,不断完善自己。

第二节 求知岛探秘

一、教学目标

(1) 识别任务书上的昆虫种类,了解它们的生活习性,从而更好地保护它们的生态环境,践行人与自然和谐共生的理念。

(2) 分析昆虫的形态特征,了解它们的生存技能,获取仿生设计灵感,激发自身的创造力。

(3) 掌握建筑设计技能,学会分工合作,提升团队凝聚力。

二、教学分析

(一) 教育资源分析

"求知岛"上动植物资源丰富,植被葱绿。体型健硕、形态特异的"中华大扁锹"是求知岛上的一大特色。求知岛周边的湖泊更是波光潋滟,每到夏天和初秋,湖面上飞舞着各种各样的蜻蜓。丰富的动植物资源有利于开展"求知岛"探秘活动课程。

(二) 学情分析

青少年学生对自然生态的保护意识还不够强,对生物多样性和传统工艺的了解还不够,对传统工艺与自然界中的动植物之间的关联更是知之甚少,大多停留在书本知识的层面。通过求知岛探秘,可以让学生了解生物多样性的重要性,以及传统工艺在创作中的灵感大都是来自自然,从而让学生更好地关注自然生态的发展。青少年学生有较强的观察能力和辨识能力,但是对大自然灵感的创作能力有待提升,同学之间的协作能力不够强。"大美之艺"活动课程在求知岛探秘活动中安排了有针对性的教学指导,还可以帮助学生获得大自然界中的灵感和团队协作能力,从而更好地提升团队的凝聚力。课程在组织实施上符合当下学生的生理及心理特点,注重校内外课程有效衔接的同时,更注重学生的全面发展与科学素养的提升。

三、教学过程

(一) 器材准备

紫砂陶、叶榭竹编、昆虫捕捉器、任务书、纸张、笔。

(二) 课程导入

同学们,今天我们将要带着任务书去探访"求知岛"上的相关动植物,揭开它们的神秘面纱,了解它们的生活习性,观察它们为何与传统工艺有密切的关联,并从大自然中获取灵感,设计一款仿生产品。心动不如行动,和你们的小组成员一起准备出发吧。

(三) 活动准备

1. 分组并领取任务书

按每组 8~10 位同学分组,并选出组长,由组长领取任务书。任务书上标有中华大扁锹、蜻蜓、织布娘、蚂蚁等昆虫,要求组员在任务书上记录它们的生活环境及周边动植物。记录紫砂陶、叶榭竹编与中华大扁锹、蚂蚁有哪些形态上或颜色上的关联。

2. 活动规则

小组成员认真讨论活动前的任务,然后根据任务的分工扮演好自己的角色,明确活动规则,在规定的时间内完成任务。

3. 注意事项

(1) 小组成员应发挥团结协作的精神,共同完成任务。
(2) 禁止任何同学擅自离开团队。
(3) 爱护绿化、爱护课程活动器材。

(四) 活动开展

(1) 学生按照活动课程要求完成活动任务,指导教师巡视学生的活动情况。
(2) 指导教师要适时根据学生执行任务的情况启发学生,让学生明确学习任务,做到知行合一。
(3) 学生以项目化学习这条主线——完成任务,注重任务的衔接,循序渐进。

(五) 师生点评分享

(1) 提问:影响活动成绩的因素有哪些?

学生回答:没有明确任务书上环环相扣的关联性,对传统工艺的了解缺乏主动性,了解得不够深,不够专业;在探秘过程中,漏掉了关键线索,导致没有抓住重点环节;同学之间的沟通存在局限性,没有达成共识就急于去执行任务,导致内耗。

(2) 提问:活动中小组成员都扮演了怎样的角色?

学生回答:因为每个人的特点不同,所以每个队员都有不同的任务,有的同学可以作为先锋队打前阵；有的同学对艺术了解得比较好，就负责观察传统工艺的由来；有的同学对动物的习性了解得比较好，就倾向于完成这方面的任务；有的同学对动植物的形体观察得比较好，就负责这方面的记录。小组成员各尽其责，协调配合。

四、教学评价与反思

(一) 教学评价

1. 评价内容

(1) 关注学生自主学习方式的习得，评价学生在活动过程中能否做到自我体验、自我表现、自我合作。

(2) 关注合作意识和能力，评价学生能否相互学习、分工明确、共同提高、与他人和谐相处。

(3) 充分关注学生的发展差异，注重发掘学生的潜能、做好相关案例记录。

(4) 关注学生在课程展示活动中的表现，观察学生自我展示、愉快学习的活动过程。

2. 评价量表

表 1-3 "求知岛探秘"课程评价量表

水平 4 优越表现	能完全理解课程内容，快速出色地完成驱动任务学习，活动中受到教师好评，能体现积极探索、团结协作的精神。在探秘活动中全程遵守纪律。在整个活动过程中，小组成员分工明确，相互配合，相互帮助，成员之间相处融洽、行动统一。在分享交流中，小组成员都能客观正视本小组所存在的问题，并有明确的解决方案
水平 3 良好表现	能理解大部分课程内容，能较好地完成学习任务，能体现团结协作精神，能配合完成教学任务。学生在活动时，全程纪律良好。在整个活动中，小组成员分工较明确，相互配合，相互帮助，完成任务表现良好。在分享交流中，小组成员大多能正视本小组所存在的问题，并有较明确的解决方案
水平 2 合格表现	能理解部分课程内容，能按时完成学习任务，在教师的引导下能做到团结协作。活动中，小组成员在教师或组长的管理下能做到遵守纪律，相互帮助，按时完成任务。在分享交流中，个别小组成员能正视本小组所存在的问题，解决方案比较模糊
水平 1 须努力表现	不能理解课程内容，对本课程完全不感兴趣，不能按时完成学习任务，团结协作性较差。在活动中，大多数学生没能遵守纪律。在整个活动中，小组成员意见相悖，没能相互配合，相互帮助，无法按时完成任务。在分享交流中，小组成员不能正视本小组所存在的问题，态度消极怠慢

(二) 教学反思

(1) 教师在教学中通过项目化教学形式，使学生了解传统工艺的创造灵感来自自然界，今后还可以通过多媒体课件等更加直接的方式呈现给学生，让学生调动视、听觉的感官,提升教学效果。

(2) 今后教师还可以通过头脑风暴的形式进行讨论和交流。例如:在实际生活中哪些昆虫与人类关系更加密切?影响自然生态的因素有哪些?通过讨论来分析实际生活中的一些案例,从而强化课程的教学内容。

五、相关链接:求知岛探秘

1. 蜻蜓

蜻蜓(Dragonfly,见图1-1)是一种古老的昆虫,最早可追溯到3.2亿年前,捕食苍蝇、蚊子、小型蝶蛾类等多种农林牧业害虫,是有益于人类的一类重要天敌昆虫。蜻蜓喜欢潮湿的环境,所以一般在池塘或河边飞行,其幼虫(稚虫)也需要在水中发育。蜻蜓一生只有卵、稚虫和成虫3个阶段,成虫常通过蜻蜓点水的方式将卵产入水中,稚虫又称水虿,在水中捕食其他水生生物,待羽化前爬出水面,交配产卵,完成生活史。蜻蜓除了捕食其他各种昆虫外,在种与种之间还具有成虫相互蚕食的习性。蜻蜓在捕食的时候会猛抓住猎物,其脚上长有大量粗毛,可以帮助它抓紧猎物,令猎物无法逃脱。蜻蜓的口器也相当发达,可以撕咬猎物,并能够在30分钟内吃光与自己体重相等的食物。

图1-1 蜻 蜓

如今的仿生照相机,就是模仿蜻蜓的复眼这一独特构造制成的复眼照相机,一次可以拍摄出几千张重复的照片。蜻蜓能在很小的推力下翱翔,向前后及左右飞行,其翅的振动可以产生涡流而抬升躯体,研究蜻蜓的飞行机理对飞机的设计制造具有重要意义。蜻蜓翅的前缘有角质加厚形成的翅痣,在飞行时其能消除翅膀的震颤,参考这一点,飞机设计师在飞机的两翼各加一块平衡重锤,防止飞机由于剧烈振动而发生机翼断裂。

2. 中华大扁锹

中华大扁锹,又名扁锹甲(Dorcus titanus platymelus,见图1-2),是一种鞘翅目昆虫,是我国锹形虫(锹甲)中分布最广、最常见的一种。成虫出现于4至10月,在野外以吸食树液或熟透的果实为主;幼虫生活在朽木中,以木屑为食。成虫昼伏夜出,具有趋光性,夜晚或清晨于路灯下容易发现,野外常见于阔叶林壳斗科树木上,凶猛好斗且有着极强的领地意识,时常会见到两只雄虫在树上互斗。

图1-2 中华大扁锹

3. 蟋蟀

蟋蟀(Gryllus,见图1-3)是一种无脊椎动物,昆虫纲,直翅目,蟋蟀总科。俗名蛐蛐、夜鸣虫(因为它在夜晚鸣叫)、将军虫、秋虫。据研究,蟋蟀是一种古老的昆虫,至少已有1.4亿年的历史。蟋蟀多数为中小型,少数为大型。蟋蟀体长大于3厘米;体色变化较大,多为黄褐色至黑褐色,或为绿色、黄色等;体色均一者较少,多数为杂色;身体不具鳞片;口式为下口式或前口式;触角为丝状,远长于体长;触角柄节多为圆盾形,窄于或等于额突;少数类群为长盾形,较大,宽于额突;复眼较大,一般为头长的1/4~1/2;单眼一般有3枚,呈倒三角形或线状排列;中单眼位于头背侧、额面或额头顶端。蟋蟀啃食植物茎叶、种实和根部,是农业害虫。其雄虫好争斗,两翅摩擦能发出声响,人们可以通过蟋蟀的叫声判断户外温度;其雌虫不发声。蟋蟀昼伏夜出,生性孤僻,通常一穴一虫,在繁殖期,雄虫才招揽雌蟋蟀同居一穴。

图 1-3 蟋 蟀

4. 纺织娘

纺织娘(Mecopoda elongata,见图 1-4)是一种重要的鸣虫,主要分布于我国华东和华南各省。体长 28~40 毫米,从头到翅端可达 50~70 毫米,繁殖方式为卵生。为植食性昆虫,喜食南瓜、丝瓜的花瓣,桑叶、杨树叶等。因发出"轧织,轧织"的类似纺织声的鸣声而得名。白天常常静伏在瓜藤枝叶或灌木丛下部,黄昏和夜晚开始活动和摄食。如受到捕食者惊扰,除跳跃和飞行之外,还会从胸腺中释放出黄色的毒液,起到震慑作用。

图 1-4 纺织娘

5. 蚂蚁

蚂蚁(ant,见图 1-5)是地球上最常见的昆虫,也是数量最多的一类昆虫。由于各种蚂蚁都是社会性生活的群体,在古代通称其为"蚁"。据现代形态科学分类,蚂蚁属于蜂类。蚂蚁能生活在任何有它们生存条件的地方,是世界上抗击自然灾害能力最强的生物。据估计,世界上已知的蚂蚁约为 11 700 种。中国国内已确定的蚂蚁种类有 600 多种。蚂蚁属完全变态型昆虫,要经过卵、幼虫、蛹等阶段才发展为成虫,大部分蚂蚁可粗分为三个阶级:工蚁、雄蚁和蚁后。雌幼虫发育成工蚁还是蚁后取决于幼虫期获得的养分。

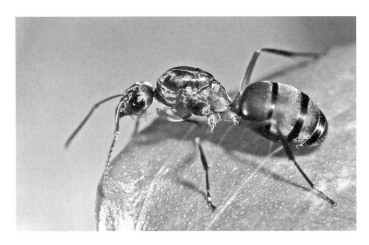

图 1-5 蚂 蚁

6. 宜兴紫砂陶

宜兴紫砂陶是江苏宜兴地方民间传统手工制陶技艺。该工艺产生于宋元时期,成熟于明代,迄今已有 600 年以上的历史。由于宜兴独有一种澄泥陶,颜色绛紫,其制品通称"紫砂器",通常也简称"紫砂",造型采用纯手工的拍打镶接技法制作,紫砂泥本身不需要加配其他原料就能单独成陶,紫砂泥土成型后不需要施釉。宜兴紫砂陶品类众多,其中的茶具为代表之作(见图 1-6)。

图 1-6 宜兴紫砂陶

7. 叶榭竹编

叶榭竹编(见图1-7)是上海松江区传统的民间手工技艺,历史悠久、源远流长。五代后周时期,华亭县盐铁庄(今叶榭镇团结村)有一户陈姓竹编世家,以竹子为原料,精制成各种类型的工艺品,发展到后面,渐渐由一般的生活用具向滚灯舞、马灯、水族舞等娱乐道具发展,为当地民间舞蹈的形成起到了关键作用。叶榭竹编工艺大都用刮光加工的篾条,编出人字纹、梅花眼、菱形格、十字纹等各种花纹。

图1-7 叶榭竹编

第三节 仿生设计

一、教学目标

(1) 了解仿生学的基本知识,识别动植物的形态及色彩,从大自然中获取灵感,规划仿生设计,提升审美观和创造力。

(2) 学会剖析动植物形态,了解仿生学的设计理念,能够绘制仿生产品图,增强创新意识,提升社会竞争力。

(3) 通过用彩泥制作仿生产品,提升动手制作能力,学会分工合作,提升团队凝聚力,培根铸魂,启智润心。

二、教学分析

(一) 教育资源分析

求知岛上生物种类繁多,形体各异,色彩万千,翩翩起舞的蝴蝶,湖面上飞舞的蜻蜓、田螺、蜗牛、松鼠等，为仿生设计提供了很好的素材。学生可以发挥自己的想象力，分组讨论自己所在组的仿生产品。同时，户外的自然生态更是为仿生提供了灵感，波光粼粼的湖面也会给学生带来仿生的思想火花。自然界到处充满活生生的"优良设计"实例，对青少年学生而言，是个取之不尽、用之不竭的"设计资料库"。仿生设计督促学生们通过寻找自然界中的线索，研究和模拟自然界生物各种各样的特殊本领，包括生物结构、原理、行为、功能等，教会学生们新的思考模式，通过案例来推演仿生的基本方法。

（二）学情分析

仿生设计是科技和自然之间的桥梁，可以在实体造型和自然界里的看不见的力量之间建立直接联系。仿生设计产品在形式上表现为简化性，而在传达本质特征上表现为高度的概括性，并且通过形态抽象变化，用点、线、面的运动组合来表现生物特征与产品美感。仿生设计学，亦可称之为设计仿生学（Design Bionics），它是在仿生学和设计学的基础上发展起来的一门新兴边缘学科，主要涉及数学、生物学、电子学、物理学、控制论、信息论、人机学、心理学、材料学、机械学、动力学、工程学、经济学、色彩学、美学、传播学、伦理学等相关学科。仿生设计学的研究范围非常广泛，研究内容丰富多彩，特别是由于仿生学和设计学涉及自然科学和社会科学的许多学科，因此也就很难对仿生设计学的研究内容进行划分。青少年学生正处于学习阶段，知识储备还不够丰富，大多停留在书本知识的层面上，动手能力还有待提升，但是青少年学生的好奇心很强，善于观察，辨识能力也很强。"大美之艺"课程在仿生设计活动中提供有针对性的教学指导，还可以帮助学生更好地提升动手能力和创造力，增强团队意识。课程在组织实施上符合当下学生的生理及心理特点，注重校内外课程的有效衔接，更注重学生的全面发展和科学素养的提升。

三、教学过程

（一）器材准备

彩泥、美工刀、沙盘、直尺、纸张、笔。

（二）课程导入

同学们，你们见过变色龙吗？变色龙为什么会随着周围环境的变化而改变颜色呢？如果我们能把变色龙的这种特异功能运用到仿生设计中，可以创造出怎样的产品呢？求知岛上有形态各异的动植物，让我们走近它们的世界，获取仿生设计的灵感，来一场仿生设计大赛吧。

(三) 活动准备

1. **组长领取活动器材(彩泥、美工刀、沙盘、直尺、纸张)**

小组成员在组长的带领下,根据在"求知岛"探秘活动中获取的灵感,设计仿生图,先小组讨论设计的方案,最后达成共识,制定设计图。根据设计图,用彩泥在沙盘上制作仿生设计作品,并规划人员分工。

2. **活动规则**

借助求知岛探秘时自己看到的动植物形态及颜色,小组成员间先进行"头脑风暴",确定最终的仿生设计方案,设计理念要有可持续性。小组成员认真讨论活动的任务,然后根据任务的分工扮演好自己的角色,明确活动规则,在规定的时间内完成任务。

3. **注意事项**

(1) 小组成员应发挥团结协作的精神,共同完成设计。

(2) 禁止任何同学脱离团队。

(3) 爱护绿化、爱护课程活动器材。

(四) 活动开展

(1) 学生按照活动课程要求设计仿生图,按照图纸完成活动任务,指导教师巡视学生的活动情况。

(2) 仿生设计要突出可持续性发展理念和仿生设计的创造性,各小组成员应该积极沟通,明确任务分工。

(3) 指导教师要适时根据学生执行任务的情况启发学生,让学生明确学习任务,做到知行合一。

(4) 学生以项目化学习这条主线——完成任务,注重任务的衔接,循序渐进。

(五) 师生点评分享

(1) 提问:影响活动进展的因素有哪些?

学生回答:没有找到与仿生相关联的线索,大家没有达成共识,目标不够明确,对仿生设计的方法理解得不够深刻,缺乏项目化学习的主导性,对仿生设计的环节缺乏专业性学习,漏掉了关键线索,导致没有抓住重点环节;同学之间的沟通存在局限性,没有达成共识就急于去执行任务,导致内耗。

(2) 提问:活动中小组成员都扮演了怎样的角色?

学生回答:因为每个人的特点不同,所以每个队员都有不同的任务,有的同学可以作为先锋队打前阵;有的同学画画比较好,就负责动手设计;有的同学对仿生学了解得比较好,就负责仿生创造性的设计,小组成员各尽其责,协调配合。

四、教学评价与反思

(一) 教学评价

1. 评价内容

(1) 关注学生自主学习方式的习得,评价学生在活动过程中能否做到自我体验、自我表现、自我合作。

(2) 关注学生的合作意识和能力,评估学生能否相互学习、分工明确、共同提高、与他人和谐相处。

(3) 充分关注学生的发展差异,注重发掘学生的潜能,做好相关案例记录。

(4) 关注学生在课程展示活动中的表现,观察学生自我展示、愉快学习的活动过程。

2. 评价量表

表1-4 "仿生设计"课程评价量表

水平4 优越表现	学生能完全理解活动内容,出色地完成学习任务,在活动中被教师表扬和肯定,有积极探索、团结协作的精神。仿生设计活动中全程遵守活动规则。在整个活动中,小组成员分工明确,相互配合,相互帮助,成员之间相处融洽,行动统一。在分享交流中,小组成员都能客观地正视本小组所存在的问题,并有较明确的解决方案
水平3 良好表现	学生能理解大部分活动内容,较好地完成学习任务,能配合完成教学任务。学生在活动中,全程纪律良好。在整个仿生活动中,小组分工较明确,相互配合,相互帮助,完成任务表现良好。在分享交流中,小组成员大多能正视本小组所存在的问题,并有较明确的解决方案
水平2 合格表现	学生能理解部分课程内容,按时完成学习任务,在教师的引导下能做到团结协作。在活动中,小组成员在教师或组长的管理下能做到遵守纪律,相互配合,相互帮助,按时完成任务。在分享交流中,个别小组成员能正视本小组所存在的问题,解决方案比较模糊
水平1 须努力表现	学生不能理解课程内容,对本课程完全不感兴趣,不能按时完成学习任务,团结协作性较差。在活动中,大多数学生没能遵守纪律。在整个活动中,小组成员意见相悖,没能相互配合,相互帮助,无法按时完成任务。在分享交流中,小组成员不能正视本小组所存在的问题,态度消极怠慢

(二) 教学反思

(1) 仿生设计的创造力来源于大自然,多启发学生的灵感是教师的重要任务,今后可以引导学生发散思维,落实核心素养导向,让学生在做中学,在学中做,做到知行合一。

(2) 今后教师还可以通过头脑风暴的形式进行讨论和交流。例如:在实际生活中哪些仿生设计产品与大自然的动植物的关联更加密切？影响仿生设计的关键因素有哪些？通过讨论来分析实际生活中的一些案例，从而强化课程的教学内容。

五、相关链接：仿生设计学

（一）仿生设计学的定义

仿生设计学就是以自然界万事万物的"形""色""音""功能""结构"等为研究对象，有选择地在设计过程中应用这些特征原理进行设计，同时结合仿生学的研究成果，为设计提供新的思想、原理、方法和途径。在某种意义上，仿生设计学可以说是仿生学的延续和发展，是仿生学研究成果在人类生存方式中的反映。仿生设计学作为人类社会生产活动与自然界的一种结合，使人类社会与自然达到了高度的统一，正逐渐成为设计发展过程中新的亮点。

（二）仿生设计学的历史背景

自然界是人类各种科学技术原理及重大发明的源泉。生物界有着种类繁多的动植物存在，它们在漫长的进化过程中，为了求得生存与发展，逐渐具备了适应自然界变化的本领。人类生活在自然界中，与周围的生物做"邻居"，这些生物有各种各样的奇异本领，吸引着人们去想象和模仿。人类运用其观察、思维和设计能力，开始了对生物的模仿，并通过创造性的劳动，制造出简单的工具，增强了自己与自然界斗争的本领和能力。人类最初使用的工具——木棒和石斧使用的都是天然材料；而骨针的使用，无疑是对鱼刺的模仿。这些工具的创造、生活方式的选择不能说是人类凭空想象出来的，只能说是对自然中存在的物质及某种构成方式的直接模拟，是人类初级创造阶段，也可以说是仿生设计的起源和雏形，它们虽然是比较粗糙的、表面的，但却是我们今天得以发展的基础。

在我国，早就有模仿生物的事例。相传在远古时期，有巢氏模仿鸟类在树上筑巢，以防御猛兽的伤害。《淮南子》中有记载，"见飞蓬转，而知为车"，即见到随风旋转的飞蓬草而发明轮子，做成装有轮子的车。古代庙宇中大殿之前的山门的建造，就其建筑结构来看，颇有点大象的架势，柱子又圆又粗，就像是大象的腿。我国古代勤劳勇敢的劳动人民对于绚丽的天空、翱翔的苍鹰早就有着各种美妙的幻想。根据秦汉时期史书记载，两千多年前，我国人民就发明了风筝，并将其应用于军事联络。春秋战国时代，鲁国匠人鲁班开始研制能飞的木鸟，并且他从一种能划破皮肤的带齿的草叶中得到启示而发明了锯子。据《杜阳杂编》记载，唐朝有个人叫韩志和，"善雕木作鸾鹤鸦鹊之状，饮啄动静，与真无异，以关戾置于腹内，发之则凌云奋飞，可高三丈，至一二百步外方始却下"。西汉时期，有人用鸟的羽毛做成翅膀，从高台上飞下来，企图模仿鸟的飞行。以上几例，足以说明中国古代劳动人民对鸟类的扑翼和飞行，进行了细致的观察和研究，这也是最早的仿生设计活动之一。明代发明的一种火箭武器"神火飞鸦"，也反映了人们向鸟类借鉴的愿望。中国古代劳动人民对水生动物——鱼类的模仿也卓有成效。通过对水中生活的鱼类的模仿，古人伐木凿船，用木材做成鱼形的船体，仿照鱼的胸鳍和尾鳍制成双桨和单橹，由此取得水上运输的自由。后来随着制作水平提高而出现的龙船，就受到了不少动物外形的影响。古代水战中使用的火箭武器"火龙出水"，多少有点模仿动物的意思。以上事例说明中国古代劳动人民早期的仿生设计活动，为开创我国光辉灿烂的古代文明，创造了非凡的业绩。

外国的文明史，大致也经历了相似的过程。在包含了丰富生产知识的古希腊神话中，有人用羽毛和蜡做成翅膀，逃出迷宫。15世纪时，德国的天文学家米勒制造了一只铁苍蝇和一只机械鹰，并进行了飞行表演。1800年左右，英国科学家、空气动力学的创始人之一乔治·凯利，模仿鳟鱼和山鹬的纺锤形，找到阻力小的流线型结构。凯利还模仿鸟翅设计了一种机翼曲线，对航空技术的诞生起了很大的促进作用。18世纪，法国科学家马雷对鸟的飞行进行了研究，在他的著作《动物机器》一书中，介绍了鸟类的体重与翅膀面积的关系。德国物理学家亥姆霍兹也从研究飞行动物中，发现飞行动物的体重与身体的线度的立方成正比。亥姆霍兹的研究指出了飞行物体身体大小的局限。人们通过对鸟类飞行器官的详细研究和认真模仿，根据鸟类飞行机构的原理，终于制造出能够载人飞行的滑翔机。

后来，设计师又根据鹤的体态设计出了掘土机的悬臂。在一战期间，人们从在毒气战中幸存的野猪身上获得启示，模仿野猪的鼻子设计出了防毒面具。在海洋中浮沉灵活的潜水艇又是运用了哪些原理？虽然我们无据考察潜艇设计师在设计潜艇时是否请教了生物界，但是不难设想，设计师一定懂得鱼鳔是鱼类用来改变身体同水的比重，使之能在水中沉浮的重要器官。青蛙是水陆两栖动物，体育工作者就是认真研究了青蛙在水中的运动姿势，总结出一套既省力、又快速的游泳动作——蛙泳。另外，为潜水员制作的蹼，几乎完全按照青蛙的后肢形状做成，这就大大提高了潜水员在水中的活动能力。

（三）仿生设计学的发展

到了近代，生物学、电子学、动力学等学科的发展亦促进了仿生设计学的发展。以飞机的产生为例，在经过无数次模仿鸟类的飞行失败后，人们通过不懈的努力，终于找到了鸟类能够飞行的原因：鸟的翅膀上弯下平，飞行时，上面的气流比下面的快，由此导致下面的压力比上面的大，于是翅膀就产生了垂直向上的升力，飞得越快，升力越大。19世纪末,德国人奥托·李林塔尔制造了世界上第一架可操控的固定翼滑翔机。李林塔尔是一位具有大无畏冒险精神的人,他望着家乡波美拉尼亚的鹳用笨拙的翅膀从他房顶上飞过,坚信人也可以飞行。1891年,他开始研制一种弧形肋状蝙蝠翅膀式的单翼滑翔机,自己进行试飞;此后五年,他进行了2 000多次滑翔飞行,飞行距离提升至250米,并同鸟类进行了对比研究,提供了很有价值的资料。资料证明:气流流经机翼上部曲面所走路程,比气流流经机翼下平直表面距离较长,因而也较快,这样才能保证气流在机翼的后缘点汇合;上部气流由于走得较快,它就较为稀薄,从而产生强大吸力,约占机翼升力的三分之二;其余的升力来自翼下气流对机翼的压力。19世纪末,内燃机的出现,让人类拥有了一直梦寐以求的东西:翅膀。虽然这种翅膀是笨拙的、原始的和不可靠的,然而这却是使人类能随风伴鸟一起飞翔的翅膀。

莱特兄弟发明了真正意义上的飞机。在飞机的设计制作过程中,怎样使飞机拐弯和怎样使它稳定的问题一直困扰着他们。为此,莱特兄弟又研究了鸟的飞行。例如,他们研究鸟怎样使一只翅膀下落,靠转动这只下落的翅膀保持平衡;这只翅膀上增大的压力怎样使鸟保持稳定和平衡。他们给滑翔机装上翼梢副翼进行这些实验,由地面上的人用绳控制,使之能转动或弯翘。他们的第二个成功的实验是用操纵飞机后部一个可转动的方向舵来控制飞机的方向,通过方向舵使飞机向左或向右转弯。

后来,随着飞机的不断发展,它们逐渐摆脱了原来那种笨重而难看的体形,变得更简单,更加实用。机身和单曲面机翼都呈现出像海贝、鱼和受波浪冲洗的石头所具有的自然线条。飞机的效率增加了,比以前飞得更快,飞得更高。

到了现代,科学高度发展但面临环境破坏、生态失衡、能源枯竭等问题,人类意识到了重新认识自然,探讨与自然更加和谐地共存的生存方式的高度紧迫感,亦认识到仿生设计学对人类未来发展的重要性。1960年,在美国俄亥俄州召开了第一次仿生学讨论会,标志着仿生学的正式诞生。此后,仿生技术取得了飞跃式的发展,并获得了广泛的应用。仿生设计亦随之获得突飞猛进的发展,一大批仿生设计作品如智能机器人、雷达、声呐、人工脏器、自动控制器、自动导航器等应运而生。近代,科学家根据青蛙眼睛的特殊构造研制了电子蛙眼,用于监视飞机的起落和跟踪人造卫星;根据空气动力学原理仿照鸭子头形状而设计了高速列车;模仿某些鱼类所喜欢的声音来设计诱捕鱼的电子诱鱼器;通过对萤火虫和海蝇的发光原理的研究,获得了将化学能转化为光能的新方法,从而研制出化学荧光灯;等等。目前,仿生设计学在对生物体几何尺寸及其外形进行模仿的同时,还通过研究生物系统的结构、功能、能量转换、信息传递等各种优异特征,并把它运用到技术系统中,改善已有的工程设备,并创造出新的工艺、自动化装置、特种技术元件等;同时仿生设计学为创造新的科学技术装备、建筑结构和新工艺提供原理、设计思想或规划蓝图,亦为现代设计的发展提供了新的方向,并充当了人类社会与自然界沟通信息的"纽带"。对植物光合作用的研究,将为延长人类的寿命、治疗疾病提供一个崭新的医学发展途径。对生物体结构和形态的研究,有可能使未来的建筑、产品改变模样,使人们从"城市"这个人造物理环境中重新回归"自然"。信天翁是一种海鸟,它具有淡化海水的器官——"去盐器"。对其"去盐器"的结构及其工作原理的研究,可以启发人们去改造旧的或创造出新的海水淡化装置。白蚁能把吃下去的木质转化为脂肪和蛋白质,对其机理的研究,将会对人工合成这些物质产生启发。同时仿生设计亦可对人类的生命和健康造成巨大的影响。例如人们可以通过仿生技术,设计制造出人造的血管、肾、骨膜、关节、食道、气管、尿道、心脏、肝脏、血液、子宫、肺、胰、眼、耳以及人工细胞等。有专家预测,在 21 世纪中后期,除脑以外,人的所有器官都可以用人工器官代替。例如,模拟肾功能,用多孔纤维增透膜制成血液过滤器,也就是人工肾;模拟肝脏,根据活性炭或离子交换树脂吸附过滤有毒物质的原理,制成人工肝解毒器;模拟心脏功能,用血液和单向导通驱动装置,组成人工心脏自动循环器。

(四) 仿生设计学的特点

作为一门新兴的边缘交叉学科,仿生设计学具有某些设计学和仿生学的特点,但又有别于这两门学科。具体说来,仿生设计学具有如下特点。

1. 艺术科学性

仿生设计学是现代设计学的一个分支、一个补充。同其他设计学科一样,仿生设计学具有它们的共同特性——艺术性。鉴于仿生设计学是以一定的设计原理为基础、以一定的仿生学理论和研究成果为依据的,因此具有很严谨的科学性。

2. 商业性

仿生设计学为设计服务,为消费者服务,同时优秀的仿生设计作品亦可刺激消费、引导消费、创造消费。

3. 无限可逆性

以仿生设计学为理论依据的仿生设计作品都可以在自然界中找到设计的原型,这些作品在设计、投产、销售过程中所遇到的各种问题又可以促进仿生设计学的研究与发展。仿生学的研究对象是无限的,仿生设计学的研究对象亦是无限的。同理,仿生设计的原型也是无限的,只要潜心研究大自然,永远不会有灵感枯竭的一天。

（五）仿生设计学的研究方法

1. 创造模型

先从自然中选取研究对象，然后依此对象建立各种实体模型或虚拟模型，用各种技术手段对它们进行研究，得出定量的数学依据；通过对生物体和模型定性的、定量的分析，把生物体的形态、结构转化为可以利用在技术领域的抽象功能，并考虑用不同的物质材料和工艺手段创造新的形态和结构。从功能出发，研究生物体结构形态——制造生物模型。根据研究对象的生物原理，通过对生物的感知，形成对生物体的感性认识。从功能出发，研究生物的结构形态，在感性认识的基础上，去除无关因素，并加以简化，提炼出一个生物模型。对生物原型进行定性的分析，用模型模拟生物结构原理，其目的是研究生物体本身的结构原理。从结构形态出发，达到抽象功能——制造技术模型。根据对生物体的分析，得出定量的数学依据，用各种技术手段制造出可以在产品上进行实验的技术模型。牢牢掌握量的尺度，从具象的形态和结构中，抽象出功能原理，其目的是研究和发展技术模型本身。

2. 可行性

建立好模型后，开始对它们进行各种可行性的分析与研究。功能性分析：根据研究对象的生物原理，通过对生物的感知，形成对生物体的感性认识。从功能出发，对照生物原型进行定性的分析。外部形态分析：对生物体的外部形态进行分析，可以是抽象的，也可以是具象的。在此过程中重点考虑的是人机工学、寓意、材料与加工工艺等方面的问题。色彩分析：进行色彩分析的同时，亦要对生物的生活环境进行分析，要研究为什么是这种色彩，在这一环境下这种色彩有什么功能。内部结构分析：研究生物的结构形态，在感性认识的基础上，去除无关因素，并加以简化，通过分析，找出其在设计中值得借鉴和利用的地方。运动规律分析：利用现有的高科技手段，对生物体的运动规律进行研究，找出其运动的原理，有针对性地解决设计工程中的问题。当然，我们还可以就生物体的其他方面进行各种可行性分析。

第四节　昆虫旅馆

一、教学目标

（1）了解昆虫的种类及生活习性，熟知它们的生态环境，了解生态多样性。

（2）了解昆虫的生存环境，规划设计理念，提升建筑的艺术感，增强审美观。

（3）掌握建筑设计技能，学会分工合作，提升团队凝聚力，培根铸魂，启智润心。

二、教学分析

（一）教育资源分析

"求知岛"上昆虫种类繁多，生活习性也不尽相同，有的生活在干燥的环境，有的生活在潮湿的环境；有的生活在地上，有的生活在高处的树上。生活习性不同，决定了它们栖息的环境也不同。求知岛上分布着高低不同的树丛，水陆分布明显，为各种昆虫提供了很好的生存空间。为更好地保护昆虫，给昆虫提供更好的栖息环境，利用求知岛上的现有资源，给昆虫搭建旅馆，让不同种类的昆虫根据自己的生活习性选择生存模式，更好地体现生物多样性。

（二）学情分析

昆虫旅馆的搭建需要进行前期策划，其建构更要根据昆虫的生活习性，不能盲从设计，否则会不利于昆虫的栖息。青少年学生对昆虫的生活习性还不够了解，对生物多样性的理解还不够全面，对建筑的设计构造还不能清楚地做到知行合一，尤其是对昆虫在什么环境下生存还了解不够，大多停留在书本知识的层面上，认识比较粗浅。青少年学生的动手能力也有待提升，通过搭建昆虫旅馆，可以让学生了解更多的昆虫生活习性和建筑结构理念，在搭建中提升他们的动手能力。青少年学生有较强的观察能力和辨识能力，但是对设计和建筑的动手能力还有待加强，同学之间的协作能力还不够强。"大美之艺"课程在昆虫旅馆活动中提供有针对性的教学指导，还可以帮助学生更好地提升动手能力和创造力，提升团队的凝聚力。课程在组织实施上符合当下学生的生理及心理特点，注重校内外课程的有效衔接，更注重学生的全面发展和科学素养的提升。

三、教学过程

（一）器材准备

剪刀、胶带、枯枝、KT板、直尺、纸张、笔。

（二）课程导入

同学们，由于气候的变化和自然灾害的破坏，求知岛上昆虫的生存空间受到严重威胁。为了给求知岛上的昆虫提供更好的生存环境和空间，我们需要给昆虫搭建一座生存的旅馆，以便更好地保护它们。为更好地设计出适合昆虫生存的旅馆，我们需要根据上一堂课对昆虫习性的探秘来设计一款适合它们生息的旅馆，听，远方传来昆虫的求救声，让我们赶紧行动起来吧。

（三）活动准备

1. 组长领取活动器材（KT板、直尺、画笔、纸张）

小组成员在组长的带领下，策划昆虫旅馆的设计图，先分小组讨论设计的方案，最后达成共识，制定最后的设计图。根据最后的设计图，记录需要的建筑材料，规划人员分工，分头去求知岛上找建筑用的材料，充分利用岛上的材料，按照可持续发展的原则，用好建筑材料。

2. 活动规则

昆虫旅馆的活动是基于保护生物多样性的概念进行设计的，学生在活动中通过设计和搭建的过程，了解了昆虫的多样性和其对于生态环境的意义，对生态文明建设在青少年中的传播具有积极影响。

如图1-8所示，昆虫旅馆建筑使用的材料应该考虑可持续发展的原则，材料在使用上注重环保和可持续性。小组成员认真讨论活动的任务，然后根据任务的分工扮演好自己的角色，明确活动规则，在规定的时间内完成任务。

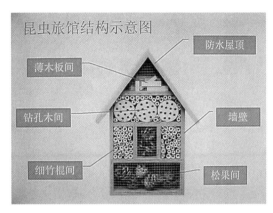

图1-8 昆虫旅馆结构示意图

3. 注意事项

（1）小组成员应发挥团结协作的精神，共同完成任务。

（2）禁止任何同学脱离团队。

（3）爱护绿化、爱护课程活动器材，坚持可持续发展原则。

（四）活动开展

（1）学生按照活动课程要求设计建筑图，按照图纸完成活动任务，指导教师巡视学生的活动情况。

（2）规划测量昆虫旅馆尺寸、选址等环节。

（3）指导教师要适时根据学生执行任务的情况启发学生，让学生明确学习任务，做到知行合一。

（4）学生以项目化学习的这条主线——完成任务，注重各个任务的衔接，循序渐进。

（五）师生点评分享

（1）提问：影响活动进展的因素有哪些？

学生回答：没有明确任务书上环环相扣的关联性，对选址等环节没有考虑好，缺乏项目化学习的主导性，对建筑设计的环节缺乏专业性学习，漏掉了关键线索，导致没有抓住重点环节；同学之间的沟通存在局限性，没有达成共识就急于去执行任务，导致内耗。

（2）提问：活动中小组成员都扮演了怎样的角色？

学生回答：因为每个人的特点不同，所以每个队员都安排了不同的任务，有的同学可以作为先锋队打前阵；有的同学对建筑了解得比较好，就负责动手设计；有的同学对昆虫的习性了解得比较好，负责昆虫旅馆选址这方面的任务；有的同学对审美形体观察比较好，负责这方面的灵感设计。小组成员各尽其责，协调配合。

四、教学评价与反思

（一）教学评价

1. 评价内容

（1）关注学生自主学习方式的习得，评价学生在活动过程中能否做到自我体验、自我表现、自我合作。

（2）关注学生的合作意识和能力，以及能否相互学习、分工明确、共同提高、与他人和谐相处。

（3）充分关注学生的发展差异，注重发掘学生的潜能，做好相关案例记录。

（4）关注学生在课程展示活动中的表现，观察学生自我展示、愉快学习的活动过程。

2. 评价量表

表 1-5 "昆虫旅馆"课程评价量表

水平 4 优越表现	学生能完全理解课程内容，快速出色地完成学习任务，在活动中受到教师好评，能体现积极探索、团结协作的精神。学生在活动中全程遵守纪律。在整个活动中，小组成员分工明确，相互配合，相互帮助，成员之间相处融洽，行动统一。在分享交流中，小组成员都能客观正视本小组所存在的问题，并有明确的解决方案
水平 3 良好表现	学生能理解大部分课程内容，较好地完成学习任务，能体现团结协作精神，配合完成教学任务。学生在活动时全程纪律良好。在整个活动中，小组分工较明确，相互配合，相互帮助，完成任务表现良好。在分享交流中，小组成员大多能正视本小组所存在的问题，并有较明确的解决方案
水平 2 合格表现	学生能理解部分课程内容，按时完成学习任务，在教师的引导下能做到团结协作。在活动中，学生基本能做到遵守纪律。在活动中，小组成员在教师或组长的引导下能相互配合，相互帮助，按时完成任务。在分享交流中，个别小组成员能正视本小组所存在的问题，解决方案比较模糊

(续表)

水平1 须努力表现	学生不能理解课程内容,对本课程完全不感兴趣,不能按时完成学习任务,团结协作性较差。在活动中,大多数学生没能遵守纪律。在整个活动中,小组成员意见相悖,没能相互配合,相互帮助,无法按时完成任务。在分享交流中,小组成员不能正视本小组所存在的问题,态度消极怠慢

(二) 教学反思

(1) 教师在教学中通过项目化教学形式,使学生了解建筑设计的创造灵感来自自然界,今后还可以通过多媒体课件等更加直接的方式呈现给学生,让学生调动视、听觉的感官,提升教学效果。

(2) 教师今后还可以通过头脑风暴的形式进行讨论和交流。例如:在实际生活中哪些昆虫与自然的关系更加密切?影响自然生态的因素有哪些?通过讨论这些问题来分析实际生活中的一些案例,从而强化课程的教学内容。

第二章

"未来植物学家研习班"活动课程

第一节 "未来植物学家研习班"活动课程指导纲要

一、意义与背景

习近平总书记曾提出:"小康全面不全面,生态环境质量是关键。"为此,中国打响了三年污染防治攻坚战,并实现了生态环境质量的总体改善。在2020年全面建成小康社会的目标达成后,实现2035年"美丽中国"目标将成为下一个重要任务。放眼世界,从全球生态环境治理进程来看,2035年也是检验《巴黎协定》2030年目标能否与2050年全球长期低排放发展目标有效衔接的关键时间点。为应对气候变化,2035年世界需要一个强有力的国际环境治理体系,以确保人类社会的可持续发展。从生物多样性的角度而言,植物与人类息息相关,因此,认识和了解植物,并从中认识人与自然和谐共生的关系,对于青少年树立正确的生态文明价值观具有重要意义。

教育部于2017年8月17日发布了文件《中小学德育工作指南》,将生态文明教育作为学校五大德育工作内容之一进行重点布局,使其成为德育工作的"核心"。部署各地将生态文明教育融入学校教育教学各个环节,纳入教育督导指标体系,引导学生树立良好的生态环境意识,形成健康文明的生活方式。同年的10月30日,教育部还印发了《中小学综合实践活动课程指导纲要》,进一步指导各地有针对性地开展包括生态文明教育在内的研学旅行实践活动。鼓励各地充分发挥相关基(营)地的生态文明教育功能,因地制宜开展研学旅行,让广大中小学生充分感受祖国大好河山之美,立志从我做起、从身边小事做起,让勤俭节约、低碳消费、绿色发展理念蔚然成风。"未来植物学家研习班"和"以竹为媒,生态优先"这两个单元的课程设计旨在基于研学营地在地化资源的特点,挖掘营地自身植物资源价值,从植物主题的课程设计中激发学生热爱自然、尊重自然、保护自然的意识。

随着经济发展、人类活动增加以及环境变化等,地球上各种濒危物种不断增加,野生动植物保护、生态多样性等环境保护问题逐渐成为国际社会关注的热点议题。当前,对野生动植物保护的程度已逐步成为衡量一个国家和民族环境保护意识及文明水准的重要标志。因此,基于东方绿舟在地化植物特点,以求知岛为大本营,通过未来植物学家研习班,可以创造一个让大家了解生物多样性的窗口。通过这个窗口,同学们能够看到我国正在努力推动人与自然和谐共生,能够感知中国正在坚定地走一条科学发展的绿色之路。

二、课程的基本认识

(一) 课程的教育目标

让学生了解植物的基本结构和生命周期,学习植物的科学命名和分类方法,增强对植物的认知和理解。

培养学生保护植物和环境的意识,引导学生热爱大自然,了解植物与人类生活的重要关系。

培养学生的探究兴趣,让学生通过实验和观察了解植物的营养需求和适应能力,探究不同环境下植物生长的影响因素。

提高学生的团队合作能力和创造力,鼓励学生开展植物科研实践活动,挖掘科学问题,探索解决方法。

通过植物认知课程的教学,激发学生对植物、环境保护等方面知识的兴趣,帮助学生养成科学、环保的好习惯。本课程的具体目标如表 2-1 所示。

表 2-1 "未来植物学家研习班"课程目标

三个方面	基本素养	能力培养	具 体 要 求
文化基础	人文底蕴	自然与人的关系认知	通过与人文底蕴的结合,使学生在自然体验和认知的基础上,培养出对自然的尊重、热爱和保护的情感和思想,使他们能够成为具备人文关怀和生态伦理的综合素养者
		人文传统与自然价值观	
		美学体验与创造力培养	
	科学精神	探究与观察能力	通过培养学生的探究能力、科学思维和方法,以及跨学科整合和持续学习的能力,使他们具备科学态度和科学素养,能够理解、分析和解决自然问题,并为科学研究和创新做出贡献
		科学思维和方法	
		知识与概念的建构	

(续表)

三个方面	基本素养	能力培养	具 体 要 求
自主发展	学会学习	主动探索与独立学习	培养学生主动参与、自主探索和独立学习的精神。通过提供自然教育资源和机会，鼓励学生主动进行实地观察、实验、调查等，提高他们自主获取知识和经验的能力
		学习方法与策略	
		跨学科知识整合	
	健康生活	精神舒适和压力管理	通过对学生体能活动、心理健康、环境保护和健康意识等方面的培养，使学生养成健康的生活方式和行为习惯，提高身体、心理健康素养，促进他们的身心健康和全面发展
		环境保护与生态平衡	
		健康意识和行为习惯	
社会参与	责任担当	环境保护和生态责任	通过环境保护、社会责任、文化传承、全球公民和自我成长等方面的培养，使学生形成责任意识和担当精神，培养他们的社会责任感和职业责任感，为社会、环境和人类的发展做出积极贡献
		全球公民责任	
		自我成长和职业责任	
	实践创新	实地探索与实践活动	通过实地探索、跨学科整合、创客教育、竞赛活动和社会创新等方面的实践创新，培养学生的实践能力、创新思维和解决问题的能力，激发他们的创造力和创新潜力，为未来的社会发展做出贡献
		跨学科整合与综合应用	
		社会创新和社会企业	

(二) 课程的教育原则

本课程以激发学生的兴趣和主动性为教育原则，通过丰富多样的教学内容和活动来激发学生的兴趣，包括有趣的实地考察、创意性的实践项目和角色扮演等，以吸引学生的关注，并鼓励他们积极主动地参与学习。

引导学生进行探索和发现：培养他们的探究精神和问题解决能力，通过组织适宜的学习活动，如实验、讨论和研究项目，让学生自主地探索知识，从实践中深入理解概念和原理。

培养学生的团队合作和沟通能力：为学生提供多元的机会，让学生在合作的环境中学习和成长。设计小组项目或团队活动，鼓励学生相互合作、共同解决问题，培养他们的沟通和协作能力，帮助学生习得重要的团队合作技能，为未来的职场和社交互动做好准备。

强调实践和应用：注重实践和应用，帮助学生将所学知识和技能应用于实际生活中。这可以通过实地考察、实验、场景模拟等方式实现。学生通过亲身经历和实际操作，可以更加深入地理解和掌握知识，提高解决问题的能力。

培养学生的跨学科思维和综合素养：注重学科之间的融合和交叉，设计跨学科项目或活动，培养学生的跨学科思维能力和创新力。这样的课程设置可以帮助学生形成全面的知识结构，提高综合素养，以更好地应对未来复杂多变的社会和职业需求。

总之，本课程设计以学生为中心，通过激发兴趣、引导探索、培养团队合作、强调实践和应用以及培养跨学科思维能力，全面提高学生的学习效果和综合素养。这些原则将在校外教育课程中更好地发挥作用，为学生提供丰富、有意义的教育体验。

（三）课程内容

受经济发展、人类活动增加以及环境变化等影响，地球上各种濒危物种不断增加，野生动植物保护、生态多样性等环境保护议题逐渐成为国际社会关注的热点议题。当前，对野生动植物的保护程度已逐步成为衡量一个国家和民族环境保护意识及文明水准的重要标志。因此，基于东方绿舟在地化植物特点，以求知岛为大本营，通过未来植物学家研习，创造一个让大家了解生物多样性的窗口。通过这个窗口，同学们能够看到我国正在努力推动人与自然和谐共生，能够感知中国正在坚定地走一条科学发展的绿色之路。本课程共分为4个课时，包括认识植物、走近植物、植物之美。从在户外学习植物的基础特点的识别，到亲自动手体验植物的乐趣，再到认识植物和人类生活的密切联系，感受植物作为自然界的一部分的重要性，感受植物之美，从而感悟人与自然和谐共处的理念。

表 2-2 "未来植物学家研习班"课程内容

课程名称	活动主题	活动主要内容
认识植物 （1课时）	植物知多少 1. 走进求知岛认识不同种类的植物 2. 了解不同植物的基本特征和作用	介绍植物的基本生长特点，帮助学生了解植物在地球上的多样性，包括植物的不同种类、形态和生长环境。介绍一些对人类具有重要意义的植物种类，如粮食作物、药用植物、观赏植物等。探讨植物在生态系统中的作用和影响，以及与其他生物的关系，引导学生了解植物资源的保护与可持续利用，培养保护植物的意识
走近植物 （1课时）	植物形卡和花卉色卡 1. 探秘不同植物的颜色和叶片形态 2. 识别形卡和色卡的植物识别	植物形卡：学习植物的生长形态特征，如株高、叶片形状、茎的结构等。学习使用植物形卡，即植物形态特征的分类卡片，来识别和分类不同植物。实地考察，通过观察和记录不同植物的形态，加深对植物形态学的理解和应用能力 花卉色卡：学习花卉颜色的基本知识，如颜色的原理、色彩的分类等。学习使用花卉色卡，即记录和比较花朵颜色的工具，来识别和描述不同花卉的颜色特征。在实践活动中，通过观察和记录不同花卉的花朵颜色，培养对色彩的敏感性和识别能力

(续表)

课程名称	活 动 主 题	活动主要内容
植物之美 （2课时）	1. 植物拓染 学习拓染知识，体验拓染技艺 2. 遇见植物，遇见服装设计 学习植物和服装设计的关联，初步体验服装设计	植物拓染：学习植物拓染的起源、历史和发展，并了解其原理和技术。植物样本收集与准备：学生将学习如何识别适合拓染的植物，并掌握植物样本的收集、处理和准备技巧。学生将了解并使用拓染所需的工具和材料，包括拓染纸、墨水、刷子等。学生将学习如何进行植物拓印，包括将植物放置在拓染纸上、施加压力和印刷植物形状等技巧；通过创作拓染作品来展示他们所学的技巧和创意，分享他们的成果并与同学互动交流 遇见植物，遇见服装设计：将植物和植物元素与服装设计相结合，激发学生的创造力和设计潜力。学习植物的形态、纹理和颜色，探索如何将植物的特征应用于服装设计中，包括叶片、花朵、树皮等。探讨如何以植物为灵感，设计服装印花和图案，学习印花制作的技术和工艺。了解利用天然植物纤维（如棉、亚麻等）和其他植物材料来进行服装设计的可能性，以及处理和加工这些材料的方法。学习植物染料的制作和应用，探索植物染色对服装设计的影响和可能性，学生将从植物中汲取设计灵感，培养对植物的观察和创造能力，同时学习将植物元素融入服装设计中，从而打造独特而具有个性的作品

（四）课程的教学方法

本课程针对综合实践活动课程的范围、内容和时长，合理规划和制订教学计划，明确教学目标和学生能力需求，执行教学计划，教学方法如下：

（1）项目要求：通过让学生参与团队项目实践活动，让他们运用课上学习的知识和技能解决实际问题。鼓励学生自主学习，提高他们的协作能力和创新思维。

（2）探究式学习：以学生为主角，让他们在探索中发现问题、提出问题、分析问题并解决问题。这种教学方法更加强调学生的自学能力和独立思考能力，同时也注重发掘学生的兴趣和能力，提高不同学生的学习效果。

（3）活动设计：从学生学习的需求、兴趣和实际情况出发，设计各种包括实验、观察、游戏、社会实践等形式的活动，激发学生的学习兴趣，增强学生的学习主动性，从而获得良好的教学效果。

（4）网络整合：以现代信息技术为支撑，通过各种媒介、平台和网络环境，将学生的学习社交化、互动化、分享化，进而提高学习效果，优点是适用面更大，更具有交互性。

三、课程评价

通过小组互评、个人自评的形式进行教学评价，通过任务单进行综合评定。主要评价方式有以下几种。

1. **测试评价**

通过书面或在线测试来评估学生对课程知识的掌握程度和应用能力。

2. **作业评价**

通过学生完成的作业来评估他们对课程内容的理解和运用能力。

3. **项目评价**

通过学生完成的项目作品或研究报告来评估他们的创造力、研究能力和解决问题的能力。

4. **实地考察评价**

通过组织学生进行实地考察、实践活动或实验来评估他们在实际操作中的能力和实用技能。

5. **口头报告/演示评价**

通过学生的口头报告、演示或展示来评估他们的表达能力、沟通能力和团队合作能力。

6. **课堂参与评价**

通过观察学生在课堂上的参与度、提问和回答问题的能力来评价他们对课程内容的理解和学习态度。

7. **问卷调查评价**

采用问卷调查的形式收集学生对课程的反馈和评价，了解他们对课程、教学效果的满意度和改进建议。

第二节 认识植物

一、教学目标

（1）了解植物的多样性和分类方法，培养学生对植物的观察能力和识别能力。

（2）学会使用分类学特征和工具进行植物识别，培养学生的科学研究能力和问题解决能力。

（3）增强学生对植物保护和生态环境的关注度和责任感。

二、教学分析

（一）教育资源分析

东方绿舟具有丰富的自然资源，其中求知岛是以植物知识为主要传授内容的小岛，岛上种植了数十种植物，在大园区内，有 38 个品种、10 万多株竹子，掩映于湖光水色之间，四季常绿，在营地内部有银杏大道、香樟大道等以植物命名的道路。

（二）学情分析

知识掌握程度：初一学生已经学习过植物的基本概念、结构以及一些植物的生长过程，这些知识是他们在学习植物学时的基础，教师通过测验和课堂调查了解学生对这些知识的掌握程度。

学习方法与思维能力：初一学生的学习方法和思维能力较为单一，主要以课堂听讲和书本阅读为主，往往缺乏具体的实践经验，这需要教师在教学中尝试使用多种教学方法，如小组讨论、实验教学和项目式学习等，以提高学生的实践能力。

学习兴趣与动机：初一学生的学习兴趣和动机非常重要，如果学生对植物学这个学科有浓厚的兴趣，将会对教学产生积极的影响，反之则可能不利于学生的学习效果和素质养成。

学习技巧和策略：随着学生的不断发展，在学习中不断地积累和应用各种学习技巧和策略已变得至关重要。初一学生也需要在学习植物学时学习相应的技巧和策略，包括阅读策略、记忆技巧和分析能力等。

三、教学过程

（一）课程导入

（1）启发学生对植物的认识，通过展示一些带有不同形态特征的植物图片，激发学生的兴趣和好奇心。

（2）提出疑问：如何识别植物？为什么需要对植物进行分类？

（二）介绍植物识别的基本原则和方法

（1）介绍植物识别的基本原则，包括观察植物的形态特征、叶子、花朵、果实等，并用当季植物实例进行说明。

（2）介绍使用分类学特征和工具进行植物识别的步骤，如使用植物分类表、植物识别书籍或手机应用。

（三）实地观察和植物识别

（1）安排学生进入东方绿舟求知岛、竹林、梅林等，实地观察植物。

（2）小组或学生个人记录并收集不同的植物样本，包括图片、叶片、花朵等，鼓励学生收集植物的根、茎、花、果实、种子等作为植物标本的素材，带领学生在东方绿舟园区内进行寻访。

（3）学生根据观察到的植物特征，使用植物识别工具对植物进行分类和命名，可以使用植物图册或者手机植物分类检索 App 等查阅。

（四）数据整理和结果分析

（1）要求学生整理所收集的植物样本和观察笔记，包括形态特征、颜色、叶子形状等信息，对植物的生殖器官和营养器官的相应特征进行记录。

（2）学生将观察到的特征和识别结果进行整理，绘制植物分类图，制作植物识别表（简单的植物检索表）等。

（3）在小组或班上展示和分享学生的成果，对比不同植物之间的共同特征和区别，讨论分类的原则和方法。

（五）知识整合与应用

（1）让学生根据他们的实地观察和识别结果，制作植物识别手册、展板或报告。

（2）学生以小组形式展示他们的成果，并讨论植物保护的重要性和相关的环境问题。

（3）学生根据东方绿舟的植物进行角色扮演，了解不同植物的关系，同时展现不同植物的习性和特征，加深对每一种植物的印象。

四、教学评价与反思

（一）教学评价

1. 评价内容

（1）植物观察与识别能力：评估学生对于植物外部形态、叶片、花朵、果实等特征的观察和识别能力，包括对植物命名、分类和特征描述的准确性和详细程度。

（2）野外实习与调查报告：考查学生在野外实习中的积极性和独立完成野外植物调查的能力，以及撰写调查报告的表达和分析能力。

（3）实验操作与技术应用能力：评价学生在植物标本制作、显微镜观察、植物组织染色等实验操作中的技术熟练度和观察分析能力。

（4）植物信息收集与分析能力：考查学生植物信息检索、文献查阅和数据分析的能力，以及对植物多样性和分布规律的理解和应用能力。

（5）成果展示与交流能力：评估学生在植物识别课程中的成果展示和学术交流能力，包括口头报告、海报展示或学术论文撰写的表达能力。

(6) 团队合作与学术交流能力：考查学生在小组合作或学术交流中的团队协作能力、专业素养和学术交流技巧。

2. 评价量表

表2-3 "认识植物"课程评价量表

水平4 优越表现	学生对植物识别原理与方法的理解和应用能力：学生可以识别5种以上的园区植物，并能够简要说出植物的特征。学生实地观察与识别的质量和准确性：学生可以熟练识别相似植物物种的特征。学生对植物保护与环境问题的意识和表达能力：学生可以熟练说出植物与周边环境的关系
水平3 良好表现	学生对植物识别原理与方法的理解和应用能力：学生可以识别3种以上的园区植物，能说出植物的简单特征。学生实地观察与识别的质量和准确性：学生可以识别相似植物物种的特征。学生对植物保护与环境问题的意识和表达能力：学生可以说出植物与周边环境的关系
水平2 合格表现	学生对植物识别原理与方法的理解和应用能力：学生可以识别2种以上的园区植物，并能够简要说出植物的特征。学生实地观察与识别的质量和准确性：学生可以基本识别相似植物物种的特征。学生对植物保护与环境问题的意识和表达能力：学生基本可以说出植物与周边环境的关系
水平1 须努力表现	学生对植物识别原理与方法的理解和应用能力：学生不能正确识别园区植物，不能说出植物的特征。学生实地观察与识别的质量和准确性：学生不能识别相似植物物种的特征。学生对植物保护与环境问题的意识和表达能力：学生不能说出植物与周边环境的关系

(二) 教学反思

(1) 通过对植物分类学的研究成果和分类系统的进一步学习，了解现代植物分类系统和分类学家的贡献。

(2) 参观东方绿舟，深入了解植物多样性和分类方法。

(3) 开展植物调查与保护项目，培养学生的社会责任感和环境保护意识。

五、相关链接："认识植物"

(一) 水生植物

1. 再力花

再力花(Thalia dealbata Fraser，见图2-1)，多年生草本植物，生长于河流、水田、池塘、湖泊等水湿低地。紫色花朵形状特殊，像系在钓竿上的鱼饵。再力花繁殖生长迅速，对其他水生植物有强烈的遮蔽和侵扰作用，容易形成单一物种群落。

台词：我叫再力花，枝头的一簇紫色花苞和硕大的叶片是我的特色，我不仅可以改善水质，还可以用花蕊捉虫子！

图2-1 再力花

2. 红蓼

红蓼(Polygonum orientale Linn.,见图2-2)是蓼科蓼属一年生草本植物,生命力强,适应水涨水落的交替环境,具有"水陆两生"的特性,作为湖泊湿地的一种重要群落类型,往往成片生长,具有提供栖息地、净化水质、维护生物多样性等多种功能。

图2-2 红 蓼

台词：我叫红蓼，在秋季我会开出紫红色的像麦穗一样的花朵，同时我也是大家常用的中草药，更是改善水质环境的好帮手！

3. 野芋

野芋(Colocasia antiquorum Schott，见图 2-3)是天南星科芋属草本植物，一般生长在溪流和河流边，作为景观植物，城市许多小区里也多有种植。野芋是中国植物图像数据库收录的有毒植物，不仅叶子有毒，根茎也是有毒的，且根茎毒性较大，作为药材具有解毒、消肿止痛的功效。

台词：我叫野芋，很多人都会把我误认成芋头，要好好记住我的长相，不小心吃掉我的话，后果可是很严重的哦！

4. 香菇草

香菇草(Hydrocotyle vulgaris，见图 2-4)，

图 2-3 野 芋

学名为南美天胡荽，喜光照充足且温暖的环境，叶片为伞形或盾形，因像香菇而得名，

图 2-4 香菇草

国内多用作观赏植物用。繁殖能力强,地上生长形成高密度的植株丛,根茎呈密集网状交错,从而排挤其他植物,降低群落物种多样性。

台词:我叫香菇草,我的适应和繁殖能力很强,在光照充足的地方,一年的繁殖量可以超过本身数量的五十倍。

5. 菰

菰(Zizania latifolia,见图2-5)是多年生挺水草本植物。作为我国湿地、湖泊植被的重要构成,对湖泊湿地生态有着重要的修复作用,能净化富营养的水体,有效抑制藻类的生长。初秋季节我国南方地区的常见蔬菜——茭白,就是经过驯化的菰感染黑粉菌之后膨大而形成的肉质茎。

台词:我叫菰,现在经常以茭白的身份出现在大家面前,但食用菰米在我国已有3 500多年的历史啦!

图2-5 菰

(二)陆地景观植物类

1. **木芙蓉**

木芙蓉(Hibiscus mutabilis,见图2-6)又称木槿,属落叶灌木或小乔木,其花朵多呈粉红色,在开放一段时间后,花色会变为深红色;喜温暖、湿润环境,对土壤要求不高,瘠薄土地亦可生长;花、叶均可入药,同时也有极高的观赏价值,是成都市市花。

图2-6 木芙蓉

台词:我叫木芙蓉,大家也叫我"三醉芙蓉",因为我的花朵早晨洁白,中午变为粉红色,到傍晚快闭合时会变成深红色。

2. 龙柏

龙柏(Sabina chinensis,见图2-7)为常绿乔木,散发出一种特殊的芬芳气味。叶片密集呈鳞片状,因枝条螺旋盘曲向上生长,好像盘龙姿态,故名"龙柏"。生长于日照充足、排水良好的地方。龙柏可以吸收有毒物质,净化空气。

台词:我叫龙柏,我是园林美化的工程师,我长得酷似盘龙,高大又帅气!

3. 金丝桃

金丝桃(Hypericum monogynum,见图2-8)是半常绿小乔木或灌木。金丝桃花期略短,一般在5月盛开,因花朵在阳光下呈明亮纯粹的金黄色,又被称作金线蝴蝶、金丝海棠,在长江中下游地区是非常常见的绿化带植物,果实及根均可入药。

台词:我叫金丝桃,我就像阳光的分身,一旦开花,我可是园林植物中绝对的主角!

图2-7 龙 柏

图2-8 金丝桃

4. 沿阶草

沿阶草(Ophiopogon bodinieri,见图 2-9)为百合科沿阶草属植物。花朵呈白至紫色,果实为蓝色圆球状,开花时一眼望去就像是蓝宝石的海洋,常广泛应用于植物园林点缀。沿阶草的适应性极强,耐阴、耐热、耐寒,作为中药材具有养阴润肺、益胃生津、活血化瘀等功效。

台词:我叫沿阶草,我生性坚毅,没有人工干预也可以存活。

图 2-9 沿阶草

5. 酢浆草

酢浆草(Oxalis corniculata,见图 2-10)为多年生草本植物。又名三叶草,有特别长的根系,可适应不同的气候和土壤条件,喜湿润温暖气候,较耐旱、耐寒,在湿润草地、河岸、路边呈半自生状态。还可作为绿肥作物或者观赏植物,在很多国家,长有四片叶子的酢浆草代表着幸运。

台词:我叫酢浆草,大部分长着三片心形叶片,如果你能找到四片叶子,那你真的太幸运了!

6. 竹子

竹子(Bambusoideae,见图 2-11)。竹林是由竹类植物组成的单优势种群落,目前全球主要有三大竹区:亚太竹区、美洲竹区和非洲竹区。我国是世界上竹类资源最丰富、竹类栽培和利用历史最悠久的国家,竹林面积超过 1 亿亩。

图 2-10 酢浆草

图 2-11 竹 子

台词：我是竹子，浑身都是宝，我是文人笔下骨气的代表，是病人的良药！

7. 樱花

樱花（Prunus subg. Cerasus sp.，见图2-12）是蔷薇科，樱亚属植物。在春天，樱花树上会开出白色、淡红色或深红色的花。樱花性喜温暖、湿润偏干的环境，需要充足的阳光,适宜在疏松、肥沃、排水良好的沙质土壤中生长。

台词:我叫樱花。我有很多漂亮的花朵,风一吹过,我就会给人们带来一场漂亮的花瓣雨!

图 2-12 樱 花

8. 桂花

桂花(Osmanthus fragrans,见图 2-13)为常绿乔木或灌木,根据花色不同有金桂、银桂、丹桂之分。桂花喜温暖,好湿润,湿度对桂花的生长发育极为重要。桂花既耐高温,也较耐寒,具有一定的耐干旱能力。

台词:我是桂花,小小桂花却有无穷能量,我不仅是百药之长,还是人们喜欢的食材!

图 2-13 桂 花

9. 梅花

梅花（Prunus mume，见图2-14）为多年生落叶乔木，原产于中国南方，已有三千多年的栽培历史。梅花是中国十大名花之首，与兰花、竹子、菊花一起被称为"四君子"，与松、竹并称"岁寒三友"。

台词：我是梅花。我喜欢在寒冷的冬天独自盛开，到了冬天，人们一定会首先想到我。

图2-14 梅 花

10. 香樟

香樟（Cinnamomum camphora，见图2-15）为常绿大乔木，散发特殊香气。香樟

图2-15 香 樟

生命力旺盛,树龄可达上千年,可长成参天古木,是我国传统名贵树种,居江南四大名木之首,其树皮、树叶、果实,甚至木材均可入药。香樟对氯气、二氧化碳、氟等有毒气体的抗性较强,是工厂绿化的好材料。

台词:我叫香樟,我希望成长为上千年的古樟树,这样才能长久地陪伴着人类。

第三节　走近植物

一、教学目标

(1) 理解植物的形态和颜色多样性,认识不同植物的适应性和生存策略。培养观察能力,学会观察和分析植物的形态和颜色特征。

(2) 了解植物与生态系统的关系,培养对自然环境的保护意识和责任感。

二、教学分析

(一) 教育资源分析

东方绿舟为国家绿色营地、上海市自然教育学校,具有丰富的自然资源,其中求知岛是以植物知识为主要传授内容的小岛,岛上种植了数十种植物,具有较为丰富的植物资源;在大园区内,有 38 个竹子品种,数量达到 10 多万株,掩映于湖光水色之间,四季常绿;在营地内部有银杏大道、香樟大道等以植物命名的道路。

(二) 学情分析

知识掌握程度:初一学生已经学习过植物的基本概念、结构以及一些植物的生长过程,这些知识是他们在学习植物学时的基础,教师通过测验和课堂调查了解学生对这些知识的掌握程度。

学习方法与思维能力:初一学生的学习方法和思维能力较为单一,主要以课堂听讲和书本阅读为主,往往缺乏具体的实践经验,这需要教师在教学中尝试使用多种教学方法,如小组讨论、实验教学和项目式学习等,以提高学生的实践能力。

学习兴趣与动机:初一学生的学习兴趣和动机非常重要,如果学生对植物学这个学科有浓厚的兴趣,将会对教学产生积极的影响,反之则可能影响学生的学习效果和素质养成。

学习技巧和策略:随着学生的不断发展,在学习中不断地积累和应用各种学习技巧和策略已变得至关重要。初一学生也需要在学习植物学时学习相应的技巧和策略,包括阅读策略、记忆技巧和分析能力等。

三、教学过程

(一) 课程导入和探究

(1) 引入问题:世界上是否存在完全相同的植物形态和颜色?教师展示在自然界实地收集的植物标本。

(2) 学生小组讨论自己见过的不同形态和颜色的植物,并准备分享案例。

(3) 学生分享讨论的案例,并引出植物形态和颜色的多样性。

(二) 实地考察和记录

(1) 分组实地考察东方绿舟不同区域的自然环境,带领学生分小组在地球村、大草坪、淀山湖湿地等区域,寻找各种不同形态和颜色的植物。

(2) 记录观察到的植物名称、形态特征、颜色、生长环境等信息。

(3) 学生分小组分享和讨论他们发现的植物形态和颜色特征。

(4) 学生在徒步时沿途寻找不同颜色的花卉(至少 4 种颜色),记录花卉名称、花瓣的样子,并完成和花卉的合影打卡。

(三) 实验和数据分析

1. 植物形卡

教师提出以下几个问题:

(1) 世界上有没有两片完全一样的叶片呢?

(2) 叶片是通过光合作用吸收二氧化碳,释放氧气,降低大气中的碳含量的吗?

(3) 植物学家们是怎么根据叶片的形态进行分类的呢?

让学生找出东方绿舟里 4 种不同形状的叶片,并把它们拍下来,想办法知道这是什么植物。

2. 花卉色卡

教师引出以下几个问题:

(1) 你见过哪些颜色的花?

(2) 为什么花朵是五颜六色的?

(3) 植物的花香有什么作用?

设计实验,探究植物颜色与生长环境的关系。例如比较不同生长环境下植物叶片颜色的差异。比较同一种植物在不同的环境下生长的差异,尤其是形状和颜色的差异。学生可以收集植物样本并进行相关实验。

收集实验数据,运用统计学方法分析结果,讨论植物颜色与环境因素的关联。

(四) 知识整理与呈现

(1) 学生整理和归纳观察和实验的结果,制作图表、展板或报告。
(2) 学生展示他们的成果,并分享他们对于植物形态和颜色多样性的理解。

四、教学评价与反思

(一) 教学评价

1. 评价内容

评估学生对于植物形态学和色彩学知识的掌握和理解程度,包括对植物形态特征和色彩特征的认识和解释能力。

(1) 卡片应用与使用:考查学生在使用植物形卡和花卉色卡进行植物识别和研究时的准确性和熟练程度,包括对卡片的正确选择和应用。

(2) 观察与推理能力:评价学生在观察植物形态和色彩时的敏锐度和推理能力,包括对于细微变化和特殊特征的观察和分析能力。

(3) 创造力与创新性:考查学生在使用植物形卡和花卉色卡时的创造力和创新性,包括能否运用卡片进行独立的植物研究和设计实践。

(4) 成果展示与沟通能力:评估学生在使用植物形卡和花卉色卡进行成果展示和学术交流时的表达和沟通能力,包括口头报告、海报展示或学术论文撰写能力。

2. 评价量表

表 2-4 "走近植物"课程评价量表

水平 4 优越表现	学生对于植物形态和颜色多样性的观察和理解能力:熟练说出 5 种以上的叶片形状,熟练说出 5 种以上的植物颜色和对应的植物。实验设计和结果分析的质量与深度:选择正确科学的实验方法进行叶片的形状和颜色的对比。展示与分享的表达能力和沟通效果:能够流畅地表达观察现象和成果
水平 3 良好表现	学生对于植物形态和颜色多样性的观察和理解能力:说出 4 种以上的叶片形状,说出 4 种以上的植物颜色和对应的植物。实验设计和结果分析的质量与深度:选择正确的实验方法进行叶片的形状和颜色的对比。展示与分享的表达能力和沟通效果:能够表达观察现象和成果
水平 2 合格表现	学生对于植物形态和颜色多样性的观察和理解能力:说出 3 种以上的叶片形状,说出 3 种以上的植物颜色和对应的植物。实验设计和结果分析的质量与深度:选择合适的实验方法进行叶片的形状和颜色的对比。展示与分享的表达能力和沟通效果:基本能够简单地表达观察现象和成果

(续表)

水平1 须努力表现	学生对于植物形态和颜色多样性的观察和理解能力：说出2种以上的叶片形状，说出2种以上的植物颜色和对应的植物。实验设计和结果分析的质量与深度：不能选择科学的实验方法进行叶片的形状和颜色的对比。展示与分享的表达能力和沟通效果：不能流畅地表达观察现象和成果

(二) 教学反思

（1）研究植物形态和颜色的进化机制，探究植物的适应性与生存策略。

（2）剖析著名植物学家的研究成果，了解他们对于植物形态和颜色的分类与研究方法。

（3）组织参观营地大园区，深入了解植物多样性和生态系统的关系。

第四节　植物拓染

一、教学目标

（1）了解植物的形态特征和自然美，培养学生对植物的观察和欣赏能力。

（2）学会使用植物进行拓染创作，培养学生的创造性思维和艺术表达能力。

（3）增强自然环境保护意识和责任感。

二、教学分析

(一) 教育资源分析

东方绿舟具有丰富的自然资源，其中求知岛是以植物知识为主要传授内容的小岛，岛上种植了数十种植物；在大园区内，有38个品种的竹子，共10多万株，掩映于湖光水色之间，四季常绿；在营地内部有银杏大道、香樟大道等以植物命名的道路。

(二) 学情分析

初一学生在小学阶段已经接触了一些基础的植物学知识，但知识可能较为零散，缺乏系统性和深度。初一学生对自然现象往往充满好奇心，对探索自然规律和科学原理有较高的兴趣，他们的抽象思维能力正在发展中，随着对自然知识的深入学习，应该开始建立起基本的环保意识，了解人类活动对环境的影响，并学会采取一些简单的环保行动。

三、教学过程

(一) 课程导入

(1) 展示一些比较有代表性的当季植物的图片,并引导学生发现其中的美和多样性。

(2) 引导学生思考植物与我们的生活和自然环境的关系。

(二) 观察植物形态

(1) 带领学生到东方绿舟求知岛进行实地植物形态观察。

(2) 学生观察各种植物的叶子、花朵、枝干等形态特征,并记录所见,尤其是记录植物叶片的叶脉特征,了解植物的叶肉组织和叶脉结构,引导学生在拓染植物的选择上,要以植物叶肉的多少作为选择的依据之一。

(三) 拓染材料和技法介绍

(1) 介绍拓染的概念、历史背景和常用材料。

(2) 示范拓染的技法,包括如何将植物放置在纸上、如何正确使用颜料和刷子等,教师进行工具的介绍和技法示范操作。

(四) 学生创作植物拓染作品

(1) 学生根据教师讲解,分组选择自己观察到的植物,运用正确的拓染方法,将其放置在纸上进行拓染。

(2) 鼓励学生运用想象力和创造力,结合所选择植物的特点和文化特征等,在拓染的基础上进行绘画和装饰。

(五) 创作分享和展示

(1) 学生在小组内分享自己的拓染作品,结合所选择的拓染植物,讲述自己的想法和创作灵感,与其他小组分享。

(2) 将学生的作品带回学校,作为学校展览的一部分进行展示。

四、教学评价与反思

(一) 教学评价

1. 评价内容

(1) 学生对植物形态的观察和记录能力。

(2) 学生拓染作品的美感和想象力。
(3) 学生的自然环境保护意识和表达能力。

2. 评价量表

表 2-5 "植物拓染"课程评价量表

水平 4 优越表现	学生对植物形态的观察和记录能力：能够熟练描述 3 种以上的叶脉特征，熟练描述植物叶肉组织的基本特点。学生拓染作品的美感和想象力：拓染作品构图清晰，创意新颖，有明显的代表意义。学生的自然环境保护意识和表达能力：在实地探访过程中，能够采用正确的方法采集植物的叶片和其他部位，树立正确爱护植物的意识
水平 3 良好表现	学生对植物形态的观察和记录能力：能够说出 2 种以上的叶脉特征，说出植物叶肉组织的基本特点。学生拓染作品的美感和想象力：拓染作品构图清晰，具有创意，有一定的代表意义。学生的自然环境保护意识和表达能力：在实地探访过程中，能够顺利地采集植物的叶片和其他部位，树立爱护植物的意识
水平 2 合格表现	学生对植物形态的观察和记录能力：能够说出 1 种以上的叶脉特征，能简要说出植物叶肉组织的基本特点。学生拓染作品的美感和想象力：拓染作品构图较为清晰。学生的自然环境保护意识和表达能力：在实地探访过程中，基本能够采集植物的叶片和其他部位，树立爱护植物的意识
水平 1 须努力表现	学生对植物形态的观察和记录能力：不能清晰说出植物的叶脉特征，不能描述植物叶肉组织的基本特点。学生拓染作品的美感和想象力：拓染作品构图混乱，创意不足。学生的自然环境保护意识和表达能力：在实地探访过程中，不能有效且正确地采集植物的叶片和其他部位

(二) 教学反思

(1) 进一步探索植物的多样性和形态特征，学习更多的植物拓染技巧。
(2) 观察并拓染其他自然界的形态，如昆虫、动物等。
(3) 组织参观美术馆、艺术展览或园艺展览，拓宽学生的艺术视野和欣赏能力。
(4) 开展与植物拓染相关的环境保护活动，如种植花草等。

第五节 遇见植物，遇见服装设计

一、教学目标

(1) 了解植物的形态特征和自然美，培养学生对植物的观察和欣赏能力。
(2) 学习运用植物元素设计服装，培养学生的创造性思维和设计能力。
(3) 增强学生对时尚与环保关系的理解。

二、教学分析

(一)教育资源分析

东方绿舟为国家绿色营地、上海市自然教育学校,具有丰富的自然资源,其中求知岛是以植物知识为主要传授内容的小岛,岛上种植了数十种植物,具有较为丰富的植物资源。在大园区内,有38个品种、10多万株竹子,掩映于湖光水色之间,四季常绿,在营地内部有银杏大道、香樟大道等以植物命名的道路。

(二)学情分析

基础知识:初一学生通常具备一定的基础知识,但对植物学和服装设计的专业知识可能有限,需要通过简单易懂的方式引入相关概念。学生在认知上可能会有一定的抽象思维能力,但对于如何将植物与服装设计结合的概念,需要通过具体的实例和实践活动来帮助理解。

学生的兴趣和动力:植物和服装设计都是具有较高吸引力的主题,尤其是当这些内容与学生的实际生活和个人兴趣相结合时,可能会激发学生的学习兴趣。

学生对创意活动和动手实践通常有较高的参与动机,设计类活动可以增强他们的学习积极性。

学生的技能水平:初一学生通常具备一定的手工操作能力,但复杂的服装制作或细致的植物处理可能需要适当的指导和练习。学生的创意能力在这个阶段可能比较活跃,但也可能需要引导和鼓励,帮助他们将创意具体化。

三、教学过程

(一)课程导入

(1)展示一些服装设计师运用植物元素设计的服装图片,引发学生对植物在时尚领域的应用的探讨,发现植物的形态之美。

(2)引导学生思考时尚与环保之间的关系以及植物元素在时尚设计中的重要性,感受植物与生活的关系。

(二)植物形态观察

(1)带领学生到求知岛和地球村进行实地植物形态观察,观察不同植物的美学特征。

(2)引导学生观察不同植物的叶子、花朵、果实等形态特征,并记录所见,用素描的方法对观察到的植物特征进行记录。

(三) 植物元素与服装设计

1. **植物元素应用**

(1) 介绍植物元素特征及其在时尚设计中的应用,如植物图案、植物材质、植物种类等。

(2) 示范如何从植物形态中提取元素和灵感,并将其应用于服装设计中。

2. **服装设计创作**

(1) 学生选择自己喜欢的植物元素,结合实地考察所观察到的植物,并将其运用到自己设计的服装上。

(2) 鼓励学生发挥想象力,分小组进行草图绘制或使用纸张、布料等材料进行立体模型制作。

(四) 创作分享和展示

(1) 学生分享自己的服装设计作品,并讲述自己的创作灵感和设计理念。

(2) 将学生的作品收集和展示在教室内或学校的时尚秀活动中。

四、教学评价与反思

(一) 教学评价

1. **评价内容**

(1) 应用与使用:考查学生在使用植物形态进行服装设计研究时能否做到准确选择和应用;能否使用文字、绘画等方式记录植物形态的观察结果。

(2) 观察能力:评价学生在观察植物形态的基础上,描述不同植物形态特征的能力。

(3) 创新想象能力:考查学生从植物形态中提取元素和灵感并运用于服装设计草图和制作模型的创新想象能力。

(4) 成果展示与沟通能力:评估学生对使用植物形态设计的服装的成果展示能力和交流时的沟通能力。

2. **评价量表**

表 2-6 "遇见植物,遇见服装设计"课程评价量表

水平 4 优越表现	学生能准确描述不同植物的形态特征,能使用准确的语言表达对不同植物的观察结果;能够使用日记、素描等方式记录植物形态的观察结果。提交的观察日记和素描作品能够反映植物观察结果,学生的服装设计作品具有美感和创造性。学生能准确表达自己的设计理念和灵感来源,能够将植物元素运用到服装设计中并产生独特的创意,能熟练使用不同材料和技法进行服装设计。能理解时尚与环保之间的关系,认识时尚对环境的影响,积极发表并阐述自己的环保看法,积极参与到环保活动中

（续表）

水平 3 良好表现	学生能较为准确地描述不同植物的形态特征，能够使用文字、绘画等方式记录对植物形态的观察结果。能够表达自己的设计理念和灵感来源，能够将植物元素运用到服装设计中，使用不同材料和技法进行服装设计。了解时尚与环保之间的关系，认识时尚对环境的影响
水平 2 合格表现	学生知道不同植物的形态特征，能够表达对不同植物的观察结果。提交的观察日记和素描作品能够反映植物观察结果。能够准确表达自己的设计理念和灵感来源，尝试将植物元素运用到服装设计中，能使用不同材料和技法进行服装设计。基本了解时尚与环保之间的关系，知道时尚对环境的影响，有自己的环保看法，有参与环保活动的意愿
水平 1 须努力表现	学生不知道不同植物的形态特征，不能表达对不同植物的观察结果。提交的观察日记和素描作品不能反映植物观察结果。既不能表达自己的设计理念和灵感来源，也不能将简单的植物元素运用到服装设计中。不知道时尚与环保之间的关系，不知道时尚对环境的影响，没有自己的环保观念

（二）教学反思

（1）进一步学习时尚设计的基本原理和技巧，提高服装设计水平。

（2）对比不同设计师的作品，分析他们运用植物元素的方式和效果。

（3）组织学生参观时尚展览或时装周，拓宽学生的时尚视野。

（4）开展与服装和环保相关的活动，如可持续时尚讲座、衣物回收活动等，培养学生对环保的责任感。

第三章

"以竹为媒,生态优先"活动课程

第一节 "以竹为媒,生态优先"活动课程指导纲要

一、意义与背景

本课程参考《义务教育生物学课程标准》和《中小学综合实践活动课程指导纲要》,结合初一学生生物学课程纲要中关于"生物与环境"的部分,主动衔接校内生物学、劳动教育课程标准,聚焦培养学生生物学科核心素养,通过跨学科、项目化的方式开展活动课程。本课程选取比较有代表性的植物——竹子,同时结合东方绿舟竹林的特点,以竹为主线,通过认识竹子、以竹固碳、竹编文化等课程,带领学生从认识竹子到知道竹子的应用,再到了解竹子的文化价值和生态优先的意义价值。

二、课程的基本认识

(一)课程的教育目标

(1)通过实地探访竹林,认识竹子的基本特征,了解竹子的生活习性。

(2)回顾竹子在固碳作用方面的植物学特征,通过碳足迹的计算和游戏互动,认识竹子固碳的实际作用和重要价值。

(3)通过了解竹制品在生活中的应用,动手体验竹制品的制作过程,知道碳达峰碳中和目标在竹产业中的运用,增强学生的可持续发展意识。

(4)了解竹子在文学作品中所承载的象征意义,如坚韧、正直、清雅等,并能在诗歌分析中进行解读和应用。

表 3-1 "以竹为媒,生态优先"课程目标

三个方面	基本素养	能力培养	具 体 要 求
文化基础	人文底蕴	文化传承与认同	通过关注人文底蕴,培养学生对竹文化的认同和传承,激发学生的创意和艺术表达能力,培养他们的美学意识和情感体验,使学生从人文层面深入了解和关怀竹子生态
		创意与艺术表达	
		美学审美与情感体验	
	科学精神	科学思维能力	课程中的科学精神不仅仅局限于竹子本身,还可以延伸到生态系统、环境保护等更广泛的科学领域。通过学习竹子的生态,培养学生的科学精神,使他们更加关注科学知识和科学方法的运用,从而培养解决实际问题和面对未知挑战的能力
		探究精神	
		科学知识与原理	
自主发展	学习能力	自主学习能力	培养学生积极主动的学习态度和能力,让他们具备自主学习、问题解决、合作学习和反思能力,从而成为能够持续学习和适应不断变化的社会需求的学习者
		主动探索与问题解决能力	
		合作学习与团队合作能力	
	健康意识	环境健康意识	通过让学生深入了解竹子对环境和人类健康的关系,引导他们形成关注环境、尊重自然、重视健康的生活态度,并倡导健康的生活方式,从而促进学生的身心健康发展
		自然与健康联系	
		生活方式与健康	
社会参与	责任担当	环境责任	培养学生承担环境、社会和文化责任的意识和行动能力,让他们成为有责任感和使命感的公民,以推动可持续发展和保护竹子生态的工作
		可持续发展责任	
		社会责任	
	实践创新	竹子应用创新	激发学生对竹子的热爱和创新思维,培养他们的实践动手能力和创新意识,让他们能够将所学知识应用到实际生活中,开展创新性的竹子生态保护和利用工作
		竹子生态保护创新	
		竹文化传承创新	

(二) 课程的教育原则

1. 学生参与性

鼓励学生参与实践活动,通过亲身实践来加深对知识的理解和掌握,培养学生的实践能力和创新能力。

2. 融合性

整合跨学科的知识和技能,促进学生全面发展。

3. 实践性

注重课程内容和学习活动与实际生活和社会实践的结合,使学生学到的知识能够在实际生活中得到应用。

4. 体验性

通过体验式学习活动,让学生在实践中感受和应用知识,达到知行合一的目的。

5. 目标导向

设置明确的学习目标和评价标准,帮助学生明确自己的学习方向,培养学生进行主动学习和自我评价。

6. 教与学的互动

注重师生互动,教师在实践活动中要引导学生,与学生共同构建知识体系,并及时给予反馈,培养学生的思维能力。

(三) 课程内容

本课程的设立主要有以下依据:一是响应当前国家"碳达峰、碳中和"的战略目标和低碳生活的倡议。另外,我国政府与国际竹藤组织在全球发展倡议框架下,共同发起"以竹代塑"的倡议,与国际社会一道编织低碳未来。用小竹子来支撑全球"减塑代塑"事业,为环保和可持续发展提供"竹子方案"。二是对标新课标的要求,生物学课程标准中有关于"生物与周边的环境关系"的概念,劳动课程标准中有七年级学段"适当体验木工等项目的劳动过程,体会其中蕴含的独特智慧和人类创造力"的学段目标。本节课以竹子为载体,以竹子助力低碳为主线,依据新课标中的多学科目标,实现跨学科教学目标。三是丰富的本土化资源,东方绿舟的竹林内拥有 38 种竹子,数量达十万多株,竹林占地面积 100 亩,为课程开展提供了得天独厚的教学资源。

表 3-2 "以竹为媒,生态优先"课程内容

课程名称	活动主题	活动主要内容
认识竹子 (1课时)	竹子识别 实地探访竹子种类,学习竹子的基本植物学特点	学习识别不同种类的竹子,包括其外观特征、生长习性、用途等方面的知识,还包括竹子的文化价值和生态意义等内容,以便加深学生对竹子的认识和理解。通过这些识别课程内容,学生可以更全面地了解竹子,提升观察与辨别能力
以竹代塑 (2课时)	1. 以竹固碳 学习竹子固碳特点 2. 竹编文化 了解和体验竹编技艺	引导学生了解竹子在可持续发展和环境保护方面的应用,尤其是在替代塑料制品方面的潜力。竹编文化课程的主要内容涵盖竹编的历史、技艺、传统与现代应用等方面的知识。通过竹编文化课程的学习,学生可以了解竹编作为一种重要的传统手工艺的深厚历史和文化背景,并体验竹编制作的乐趣和技巧,进而提升他们的创造力和文化素养

(续表)

课程名称	活动主题	活动主要内容
竹艺之美（4课时）	1. 听风竹屋 通过竹屋的设计和建造，了解竹子的建筑学价值 2. 竹韵诗歌 通过竹子诗歌的创作，感悟竹文化	介绍竹屋设计的基本原理，包括结构稳定性、竹材力学性能、自然通风等方面的知识，帮助学生了解竹屋设计的基本要点和注意事项。指导学生进行竹屋的施工，包括竹材的切割、连接和固定等技巧，以及竹屋搭建的步骤和安全注意事项，让学生能够实际操作并完成竹屋的搭建。教学生利用各种装饰材料，如竹编艺术品、自然材料等，为竹屋增添美感和舒适度。同时，强调环保理念，鼓励学生选择可持续材料和设计，以减少对环境的影响 介绍竹子在中国文化中的地位和意义，包括竹子在诗词、绘画、建筑等艺术形式中的体现，以及竹文化对中国文化传统的影响和贡献。组织学生交流和分享彼此的诗歌作品，从中学习借鉴，并对经典的竹韵诗歌进行赏析和解读，培养学生对诗歌的欣赏能力和审美情趣

(四) 课程的教学方法

1. 实地考察和实践活动

安排学生到竹林中进行实地考察，了解竹子的生长环境、生态特点以及与其他生物的关系。同时，组织学生参与竹子的种植、护理、加工等实践活动，让他们亲身体验和参与竹子的生态保护和利用工作。

2. 多媒体教学

利用图片、视频、动画等多媒体手段，生动形象地向学生介绍竹子的生长过程、生态特点、文化价值等内容，激发学生的学习兴趣，加深他们的理解和记忆。

3. 课堂讨论和小组合作

组织学生进行课堂讨论，引导他们就竹子保护、利用等问题展开思考和交流，培养学生的参与意识和思考能力。同时，组织学生进行小组合作，让他们共同探讨解决竹子生态问题的方案，提升团队合作能力。

4. 竞赛与展示活动

组织竹子生态知识竞赛、科技创新比赛、作品展示等活动，激励学生学习竹子生态知识，鼓励他们展示自己的创新成果，提升学生的学习积极性和创造力。

5. 体验式教学

设计一些与竹子相关的体验式教学活动，例如制作竹筏、编织竹篮、书写竹刻等，让学生通过动手实践来了解竹文化，激发他们的审美情感和创造能力。

通过多种教学方法的组合运用，可以使竹子生态课程更加生动有趣，激发学生的学习热情，提升他们的综合素养和创新能力。

三、课程评价

1. 知识掌握和理解

评价学生对竹子生态相关知识的掌握程度和理解深度,包括对竹子的生长习性、生态特点、物种多样性、生态系统功能等方面的理解。

2. 实践能力

评价学生在实地考察、调研和实验操作中,运用生态学方法和技术进行竹子生态环境的调查与分析的能力,以及对生态环境变化的监测与评估能力。

3. 综合应用能力

评价学生能否将所学的竹子生态知识和技能应用到实际的生态保护、修复和可持续利用中,如设计生态园区、提出生态保护建议等。

4. 创新思维和解决问题能力

评价学生在竹子生态保护和利用方面的创新思维与能力,包括对现实问题的思考、解决方案的提出及对相关策略的实施能力。

5. 表达与交流能力

评价学生在竹子生态课程学习过程中,通过口头、书面等渠道对知识和经验进行表达和交流的能力,包括演讲、写作、报告等形式。

综合以上评价原则,可以全面地评估学生在竹子生态课程中的学习情况,鼓励学生全面发展,培养其对竹子生态保护和可持续利用的关注和实践能力。

第二节　认识竹子

一、教学目标

（1）了解竹子的基本特征和分类。
（2）学会竹子的观察和识别方法。
（3）培养学生对发现和探索的兴趣。
（4）强调环境保护和可持续发展意识。

二、教学分析

(一) 教育资源分析

我国政府与国际竹藤组织在全球发展倡议框架下,共同发起"以竹代塑"的倡议,结合当前国家"碳达峰、碳中和"的战略目标,与国际社会一道编织低碳未来。用小竹子来支撑全球"减塑代塑"事业,为环保和可持续发展提供"竹子方案"。生物学课程标准中有关于"生物与周边的环境关系"的概念,劳动课程标准中有七年级学段"适当体验木工等项目的劳动过程,体会其中蕴含的独特智慧和人类创造力"的学段目标。东方绿舟具有丰富的本土化资源,竹子数量有十万多株,竹林占地面积100亩,为课程开展提供了得天独厚的教学资源。

(二)学情分析

初一学生具备了一定的生物学知识,已经学习了植物营养器官和生殖器官的基本特点,对于植物特征有基础的认识,但是具体到禾本科植物竹子这一植物,多数学生的认知可能仅停留在书本或者电视上,缺乏实地的接触认知,尤其是对于竹子的固碳特征缺乏了解。初一学生具有一定的动手能力和设计意识,能够进行简单的手工制作,并且对于手工创作有一定的兴趣。他们具有一定的环境保护意识,对于垃圾分类等保护环境的行为有明确的认知和具体行为,但是对于低碳生活的概念缺乏了解,对于身边的生物和环境对低碳生活的影响认识有限。

三、教学过程

(一)课程引入

向学生介绍竹子的重要性和应用领域,如竹子作为建筑材料、食材、纺织品等的用途。介绍东方绿舟竹林的特点:东方绿舟竹林由十多万株竹子构成,四季常绿,在这里可以找到毛竹、早园竹、金竹、白哺鸡竹、黄杆乌哺鸡竹、金镶玉竹、碧玉间黄金竹、苦竹、紫竹、龟甲竹、淡竹、斑竹、凤尾竹、茶杆竹、桂竹、箸竹、慈孝竹、水竹等。展示照片或实际竹子的样本,激发学生对竹子的兴趣。

(二)竹子基本知识

讲解竹子的基本特征:茎、枝、叶的结构和形态特点。

介绍竹子的分类,如常见的箸竹、箭竹等。

(三)实地观察与识别

竹子全身都是宝,通过认识竹子不同部位的形态特征,了解竹子的植物学特点。各小组分别通过任务卡打卡的形式,进行竹林探索,寻找竹子的特征。

竹根(bamboo heel)在《本草纲目》中有如下记载:"淡竹根煮汁服,除烦热、解丹石发热渴。"

竹叶(bamboo leaves)为中药名,是禾本科植物淡竹等的叶,主要分布于山东、河南及长江流域以南各地。

竹笋(bamboo shoots)是中国传统佳肴,味香质脆,食用栽培历史极为悠久。《诗经》中就有"加豆之实,笋菹鱼醢""其籁伊何,惟笋及蒲"等诗句。

(四)组织学生前往东方绿舟竹林区域实践体验

学生们分组或个人进行实地观察,关注不同种类的竹子的细节特征,如竹茎的形状、竹叶的形态等。教学生用身体感知竹林:当你站在竹林之中,细细地看,浅浅地闻,轻轻地摸,静静地听,你会发现或感受到什么?通过触摸竹叶,感受竹叶的平行脉特征,感受竹子本身中空的特点,知晓竹子作为禾本科植物的特征。

学生们记录所观察到的不同竹子品种的特点,并拍照或绘制简单的草图作为参考。学生按照小组划分,每一组去寻找一定范围内不同年龄特点的竹子,学习如何根据竹子的生物学特征识别竹子年龄,观察植物体特点,比一比哪一组找到的竹子种类更多,并了解每一种竹子的特点。回来之后分享对于竹子这一植物的认知。

(五)实践体验竹子识别活动

将学生分成若干个小组,每组选择一个竹子品种进行更深入的观察和研究。

学生们合作收集有关该竹子品种的信息,如生长环境、习性、用途等。

小组成员分工收集图像、采集竹叶样本等,以便后续识别。

(六)团队合作与识别比赛

学生们需要设计一种简单而有效的竹子识别方法,可以将观察到的竹子特征、分类特征等作为判断依据。

每个小组轮流向其他小组展示他们的识别方法,并进行竹子识别比赛。

每个小组根据识别正确的竹子品种数量计分,并分享自己的识别思路和方法。

(七)总结与讨论

教师引导全班进行总结和讨论,回顾学习到的知识和体会。

讲解竹子的重要性和可持续利用的方式,带领学生思考如何保护环境并推动竹子的可持续发展。

学生们分享自己在识别过程中的发现或困惑。

四、教学评价与反思

(一)教学评价

1. 评价内容

(1) 知识掌握:学生能否正确识别和了解不同类型的竹子的基本特点、知道竹子的基本生物学特征。

(2) 参与度:学生是否积极参与实地调研,对实地观察和合作活动展示出积极的态度和兴趣,并认真完整地完成竹子的基本信息的收集过程。

(3) 学生能否收集 3 种以上的竹子的图像和素材,并识别竹子分类的基本点。

2. 评价量表

表 3-3 "认识竹子"课程评价量表

水平 4 优越表现	学生能够准确识别课程中所涉及的多种竹子品种,包括对竹子的叶片、茎秆、花果等特征进行辨别,并能够运用专业术语描述竹子的特征和区别。此外,学生还能在实地考察中准确识别各类竹子,并理解其生态环境和分布特点
水平 3 良好表现	学生能够大致辨别课程中所学习的一些竹子品种,对竹子的一般特征和外观有一定的了解,能够对一些常见竹子进行初步的识别,但在深入的特征辨认或多品种辨别时存在一定困难
水平 2 合格表现	学生只能识别一些常见的竹子,对竹子的特征和品种了解较少,难以准确辨认不同种类的竹子,对于竹子的生态环境和分布特点认识不够深入
水平 1 须努力表现	学生在课程学习中未能够完成基本的竹子识别要求,无法准确识别任何种类的竹子,对竹子的特征和生态知识了解不足

(二)教学反思

这样的课程设计,使学生们能够在实地环境中观察和学习竹子的特征和分类,在实践中培养观察力、团队合作和解决问题的能力。本课程可以为学生提供一次有趣而实用的学习经历,激发他们对自然世界的好奇心,并加深对竹子及其可持续发展的认识。后期,可以通过竹子识别知识竞赛等方式提高学生对于竹子的识别能力,也可以举办以竹子为主题的主题周活动,以丰富的活动形式加深学生对于竹子知识的理解和掌握。

第三节 以竹固碳

一、教学目标

了解竹子在固碳作用方面的植物学特征,通过碳足迹的计算和游戏互动,认识竹子固碳的实际作用和重要价值。

通过了解竹制品在生活中的应用,动手体验竹制品的制作过程,知道碳达峰碳中和目标在竹产业中的运用,强化学生的可持续发展意识。

二、教学分析

(一)教学资源分析

本课程主要是在学生实地探访后,结合已有的植物基础知识,将学到的关于竹子的生物学知识迁移应用,在本课中通过计算碳足迹,衡量和比较抵消碳足迹所需要的固碳方式,了解竹子在固碳方面的实际价值,并通过制作可以代替塑料制品的竹器具,初步感受低碳生活的魅力,进一步认识生物和周边环境的关系。结合初一学生的身心发展特点、学情背景,通过环环相扣的教学流程设计和项目化学习的驱动方式展开。

(二)学情分析

初一学生通常掌握基本的自然科学知识,对竹子的认识可能较为初步,对竹子的主要特征和用途的认识较为有限。学生对"以竹代塑"这一概念的理解可能不够深入,需要教师通过简明的介绍和实例帮助他们以理解竹子如何替代传统塑料材料。竹子作为一种环保材料,能够激发学生对生态保护和可持续发展的兴趣。另外,竹子与常见的纸张或布料等材料不同,学生在切割、打磨等处理过程中可能遇到困难,需要教师给予适当的培训和帮助。

三、教学过程

(一)课程导入

通过提问学生固碳的概念和方法,回顾之前讲到的竹子的特点和固碳特征,帮助学生回顾已有知识,加强记忆,同时为接下来的碳足迹互动游戏做好铺垫。教师阐述:固碳这个词我们经常听到,那固碳具体指什么呢?现在我们要实现碳平衡有哪些方法呢?再介绍竹子的特点及固碳特征、竹子在生活中的应用等,引入课程。随着社会生产的不断发展,人们大量使用储存在地球上的碳元素,例如石油、煤炭,这些碳元素经过我们的使用变成二氧化碳排放到大气中,现在排放到大气中的二氧化碳越来越多了,打破了碳平衡,给环境造成了巨大的压力,导致全球变暖愈发严重。课程所需材料有互动转盘、任务单(计算碳足迹用)、竹筒(加工后的)、麻绳等。

(二) 互动体验

通过碳足迹转盘的互动,以及通过任务书表格的形式计算碳的排放量,和竹子的固碳数据进行对比,通过比较分析的方法和互动体验的形式感受竹子的固碳能力。同时,罗盘游戏的方式也激发了学生的学习兴趣和体验感受。

(三) 设计制作

通过已有的物料包的准备,参考教师展示的竹成品(PPT、实物),通过观察教师展示的竹制品模型,学生结合竹子在生活中的应用,以小组为单位,讨论小组创作的理念。学生分小组自主设计简单的可以代替塑料的竹制品,如手机支架、竹风铃等,通过动手制作加深对于低碳生活的理解。

(四) 总结分享

整节课下来,学生对于竹子固碳的认识和动手体验的感受通过在集体中表达的方式呈现,进一步加深了学生的理解。

四、教学评价与反思

(一) 教学评价

1. 评价内容

由教师根据学生完成情况,进行教师评价;由学生开展自我评价,获得综合得分。

2. 评价量表

表3-4 "以竹固碳"课程评价量表

水平4 优越表现	学生在活动中能完全理解课程内容,快速出色地完成学习任务,活动中受到教师好评,能体现积极探索、团结协作的精神。小组成员分工明确,相互配合,相互帮助,成员之间相处融洽,行动统一。在分享交流中,小组成员都能客观正视本小组所存在的问题,并有明确的解决方案
水平3 良好表现	学生在活动中理解大部分课程内容,能较好地完成学习任务,体现了团结协作的精神。小组成员分工较明确,相互配合,相互帮助,完成任务表现良好。在分享交流中,小组成员大多能正视本小组所存在的问题,并有较明确的解决方案
水平2 合格表现	学生在活动中能理解部分课程内容,能按时完成学习任务,在教师的引导下能做到团结协作。小组成员在教师或组长的管理下做到遵守纪律,相互帮助,基本能完成任务。在分享交流中,个别小组成员能正视本小组所存在的问题,解决方案比较模糊
水平1 须努力表现	学生在活动中不能理解课程内容,对本课程完全不感兴趣,不能按时完成学习任务,团结协作性较差。小组成员意见相悖,没能相互配合,相互帮助,任务完成度较低。在分享交流中,小组成员不能正视本小组所存在的问题,态度消极怠慢

(二) 教学反思

课程紧密结合当前环保形势,引导学生关注塑料污染问题,激发学生对于用竹子替代塑料制品的兴趣。教学内容丰富,涉及竹子的生长、加工、应用等多个方面。在教学过程中,部分知识点讲解不够深入,导致学生对用竹子替代塑料制品的理解不够全面。今后需要加强对相关知识点的研究,提高教学内容的系统性和针对性。

第四节　竹编文化

一、教学目标

了解竹编的基础知识,初步掌握竹编的基本技能,了解竹编的基本流程,基本会加工竹丝和竹篾,了解较复杂的竹编方法,能根据材料特征进行创新设计,学会欣赏竹编工艺品。通过劳动体验和技术操作,激发学生对竹编艺术的学习兴趣,养成爱劳动、爱科学、爱家乡、爱自然的思想情感。

二、教学分析

竹编是中国传统的优秀民间艺术,历史悠久,源远流长。从两千多年前的战国时期到现代文明社会,竹制工具、竹质建材、竹编生活用品、竹编艺术品等一直广泛应用于人们的生活中。竹子既易弯折又能打结,人们利用竹子的性能,编织各种日用品和农用品,如竹背篓、竹篮、箩筐等。近年来,随着国家对非物质文化遗产的高度重视,竹编技艺日益受到重视。

本课程主要介绍竹编文化的起源、发展历史以及在不同文化中的应用,让学生领略竹编作品的艺术魅力。介绍竹编的基本工具、材料,以及竹篾的处理和编织方法,让学生从零基础开始体验竹编的乐趣。引导学生亲自动手,制作一些简单的竹编手工品,如篮筐、小动物等,培养他们的观察力和动手能力。通过对竹编文化的学习,培养学生的可持续发展和环保意识,鼓励他们在日常生活中体会资源的重要性。

三、教学过程

本课程以学习竹编艺术的基本知识和技能为主线,培养学生的动手能力和艺术表达能力,激发学生对竹编文化的兴趣并培养相关技能,旨在让学生了解竹编文化的历史与传统,培养学生对传统手工艺的尊重和兴趣。激发学生的可持续发展意识和环保意识,引导学生从竹编文化中体会可持续利用资源的重要性。以互动教学为主,结合多媒体展示和手工实践,让学生在轻松愉快的氛围中学习和探索竹编文化的魅力。通过这样的课程设置,可以让学生在轻松愉快的氛围中接触并了解竹编文化,培养动手能力和对传统文化的尊重,同时也能引导他们关注环保和可持续发展的重要性。

(一)讲解示范(20分钟)
(1)讲解竹子种类,了解适合竹编的竹子种类,知道竹编工具的用途。
(2)讲解示范竹编作品设计、选材、加工及操作程序等。
(3)鉴赏竹编作品。

(二)教学实施(80分钟)
(1)教师按照学生人数进行分组(3～5人一组),分发材料。讲解竹编材料,如毛竹、水竹等;讲解常用工具,如篾刀、箭门、刮刀等。学生分组领取材料。
(2)教师示范不同的竹子编制方法,如回形编织法、梯形编织法、菊底编织法等,并展示分享竹编作品。学生按照教师的示范及要求动手操作,学编竹蜻蜓、首饰盒、水果盘等。

(三)总结分享(20分钟)
教师展示学生作品并进行分享,做出必要的提示、鼓励、引导,并邀请个别同学交流感想,激发学生对于竹编的热爱和对竹文化的认知。
学习单内容包括以下几点:
(1)以前做过竹编吗?今天你对自己做的竹编满意吗?
(2)请用文字和箭头记录竹编的过程。
(3)在团队集体制作竹编作品过程中,你主要负责哪一模块的工作?
(4)今天动手做了自己的竹编作品,回家之后自己会动手教其他人操作吗?你最喜欢的竹编物品是哪一件?
(5)你认为竹编对于现代人的意义主要体现在哪些方面?

四、教学评价

1. 评价内容

竹编历史与文化知识:学生是否了解竹编的历史渊源、地域特色、文化价值及其在中国传统文化中的地位。

技能评价:学生能否独立完成简单的竹编作品,如篮子、扇子等,并展现出一定的技巧和美感。学生能否在传统竹编工艺的基础上进行创新设计,制作出具有个人特色的作品。

学习兴趣：学生是否对竹编文化表现出浓厚的兴趣，积极参与课程活动。

传统文化：学生是否在竹编活动中体验到传统文化的魅力，增强对民族文化的自豪感和认同感。

2．评价量表

表 3-5 "竹编文化"课程评价量表

水平4 优越表现	学生能够掌握竹编的基本技巧和工艺要领，能够独立完成一定难度的竹编作品，创作出具有个人特色和创意的竹编作品，并能够融入自己对竹文化的理解和表达
水平3 良好表现	学生能够掌握竹编的基本技巧，能够完成一定难度的竹编作品，但在创意和个性方面还有一定的提升空间，基本能够展现对竹文化的理解和表达能力
水平2 合格表现	学生掌握了竹编的基本技巧，能够完成较为简单的竹编作品，但在技法运用和创意方面需要加强，对竹文化的理解和表达能力仍有待提高
水平1 须努力表现	学生尚未掌握竹编的基本技巧，无法完成符合要求的竹编作品，对竹文化的理解和表达能力较差

第五节　听风竹屋

一、教学目标

竹子不仅是独具东方文化特色的植物，还是中国最传统的搭建材料之一。本课程通过艺术创作体验与竹建筑搭建工作坊，让孩子们学会调动自己的视觉、听觉、嗅觉、触觉等各个感官，去感受森林里不同维度的美感，并通过绘画、构筑、搭建的方式最终呈现出一座听风艺术装置。在对自然母亲沉浸式的感知中创作出的这座听风竹屋艺术装置将成为孩子们对森林最美的回赠。

二、教学分析

学生具备一定的动手能力和团队协作经验，他们对新鲜事物充满好奇心，但注意力和耐心可能有限。本课程旨在培养学生的动手能力、创新思维、团队合作精神和解决问题的能力。同时，通过实践活动，让学生了解竹材的特性、竹屋的结构设计以及人与自然和谐共生的理念。课程内容包括竹材的基本知识、竹屋设计原理、搭建工具和技巧、安全操作规程等。教师需要准备相关教学材料，如竹材、工具、安全装备等。课程采用实践为主、理论为辅的教学方法。通过现场演示、分组实践、讨论交流等形式，让学生在实际操作中学习和掌握搭建竹屋的技能。

三、教学过程

表 3-6 "听风竹屋"课程教学内容与要求

序号	活动主题	地点	任务	大致时长	准备物料
第一天上午					
1	1. 欢迎来到森林之声活动团队介绍、背景介绍、森林乐器介绍 2. 破冰游戏——森林成员游戏森林里的角色扮演 红色和蓝色卡片出现 决定分组和使用的乐器 3. 发布该次工作坊核心任务为寻找到的声音搭建听风竹屋 4. 分配组内任务(观察员、对话者、搭建者、记录员等)	1号竹林外(迎接用破冰场地)	通过破冰游戏点出本课程的主题：人与自然的关系。让孩子和家长意识到人类与动植物都是生态系统的一部分,人类最早的艺术创造就是在传达对大自然的敬畏之心 发布本次工作坊的核心任务：风是森林里最神秘的歌者,你将如何用自然材质(竹子)描摹风之歌者的形态呢?	30分钟	为每人发放工具包(任务手册、手套、铅笔、橡皮、夹板等),代表组别的红蓝卡片,乐器(雨棒,溪水鼓,空灵鼓)
2	且听风吟,与风对话——用五感进行自由探索 1. 风有形状吗? 用感官与自然产生联系 2. 每组选择一块场地,进行围合 3. 在围合的场地内,用乐器与风声对话	1号竹林(探索场地)	平时在城市里生活的人们,对自然的感受难免变得迟钝,该环节鼓励孩子和家长们一起打开自己的五感,充分感受自然的美,提升对自然的敏感度 孩子将和父母一起以家庭为单位在规定的森林区域内寻找风的声音、颜色、形状,倾听自然,记录自然	60分钟	任务手册,夹板,铅笔,手套,8毫米粗的麻绳,剪刀,乐器(雨棒,溪水鼓,空灵鼓),用于记录的手机
3	森林之声工作室——在音乐的催化下进行体验式艺术创作(该部分将由导师和当代艺术家共同带领)	淀山湖边3号地块(教学场地)	以孩子们捕捉到的森林之声(尤其是风声)和导师播放的关于风的音乐为灵感,孩子们将在当代艺术家的带领下用现象学的创作方式对"风的形状"进行描绘。家长将在孩子们的平面创作基础之上裁剪出竹屋里的挂件	60分钟	3毫米厚的椴木板,笔刷,调色盘,丙烯颜料,水桶,铺地桌布,乐器,播放乐器记录的手机
午间活动					
4	竹林野餐——中国竹文化启蒙 1. 竹子与中国餐饮的关系 2. 选择一处竹林 3. 用餐 4. 分享竹子的精神实质(20分钟)	淀山湖边4号地块(用餐休息场地)室外,席地而坐,提醒家长携带野餐垫	在竹林中共进午餐的同时,导师通过游戏、清谈、图片展示等方式对孩子们进行关于中国竹文化的启蒙	60分钟	野餐垫,平板电脑,PPT,任务手册,打印图片,竹节道具

(续表)

序号	活动主题	地点	任 务	大致时长	准备物料
		第一天下午			
5	竹的秘密——赏析竹建筑案例,跟专业的竹子匠人一起了解竹的脾性,熟悉基本的竹构建方式。(该部分将由导师和竹子工匠共同带领) 1. 按照小组就座 2. 介绍竹建筑与木结构的区别 3. 介绍3种左右竹子的捆扎方式 4. 发放竹结构材料 5. 创意竹结构	淀山湖边3号地块(教学场地)	竹子是中国最传统的建筑材料,也是生活用具的制造材料。在中国,竹制品的出现甚至比陶更早。不仅如此,竹子可能还是未来最理想、最环保的建筑材料之一。孩子们和家长一起了解并亲手体验竹建构的基本方式	60分钟	平板电脑,PPT,预处理的竹节,小细竹,麻绳,铁丝(用于自制竹针)
6	规划我们的竹屋——规划竹屋的内部空间分布与平立面设计 1. 给出空间功能要求 2. 解释核心问题 3. 提供素材 4. 创作 5. 投票	淀山湖边3号地块(教学场地)	听风竹屋需要体现人与自然的关系。竹屋都有哪些功能呢?是不是除了容纳人类的客人之外,还可以迎接来自自然界的朋友们呢?孩子们将分组在既有总体平面图的基础上,针对竹屋进行空间设计 每个小组将分别汇报自己的设计方案,家长、学生和导师将对方案进行投票。胜出的方案成为最终搭建方案 与此同时,家长们将与竹子匠人一起对地面进行预处理,准备进行搭建工作	60分钟	任务手册,泡沫板,竹签,纸条,胶枪,胶条,图纸底图,贴纸,投票用的票
7	搭建我们的竹屋——正式搭建(该部分将由导师和竹子工匠共同带领) 1. 观看破竹过程 2. 在画好的棋盘地面上对应自己的平面图 3. 钻洞 4. 立柱 5. 固定 6. 做顶 7. 拍照	淀山湖边1号地块(搭建场地)	对家长孩子进行重新分组和任务分配。不同小组分别负责图纸解读工作、地面处理工作、竹构件预制工作、运输工作和装配工作 在各小组的协同下,完成竹屋的搭建	180分钟	电锤,钻头,铁锹,竹
8	竹屋搭建小汇报 布置每个小组的展示台 每小组选出汇报代表		由各小组的队长带领组员谈一谈设计的理念、搭建过程中解决了哪些问题	30分钟	投影仪

(续表)

序号	活动主题	地点	任 务	大致时长	准备物料
8			增强团队凝聚力,并为第二天的工作做准备		
第二天上午					
9	等风来——挂"风旗""风铃"	淀山湖边1号地块(搭建场地)	在家长的帮助下,将在森林之声工作室环节创作的风旗和风铃中的一部分悬挂在主体装置上	30分钟	鱼线,切割好的3毫米厚的椴木片,铃铛,胶水
10	制作来自竹屋的邀请函	淀山湖边3号地块(教学场地)	根据前一天的学习,孩子们已经是竹文化的"小专家"了,为了让更多人领略到竹文化的魅力,请孩子们设计关于竹文化的宣传单,以及听风竹屋的邀请函,并进行打印	120分钟	彩笔,打印好的照片,剪刀,白卡纸,扫描机,打印机
午间活动					
11	发放来自竹屋的邀请函		在午休时间,作为竹屋的主人向其他来东方绿舟参加活动的家庭介绍竹屋的理念,并发放来自竹屋的邀请函	60分钟	
第二天下午					
12	风来了吗?——完成装置内部布置、展示	淀山湖边1号地块(搭建场地)	和观众们一起最终完成装置内的布置和展示,并作为创作者向嘉宾介绍自己的设计理念以及对人与自然关系的理解	60分钟	

四、教学评价

1. 评价内容

学生是否理解竹屋设计的基本原则,包括结构稳定性、空间布局、通风采光等;能否独立或协作完成竹屋的设计方案,包括图纸绘制和模型制作。

在搭建过程中,学生能否保持耐心,面对困难不放弃,坚持完成任务;能否认识到竹屋搭建对环境的影响,以及竹材作为可持续材料的重要性。

2. 评价量表

表 3-7 "听风竹屋"课程评价量表

水平 4 优越表现	学生在"听风竹屋"课程中掌握了竹屋设计与建造的专业知识和技能,能够独立完成高难度的竹屋设计和建造任务,并且在设计中充分考虑了结构稳定性、美观性、环保性等要素
水平 3 良好表现	学生在"听风竹屋"课程中掌握了竹屋设计与建造的基本知识和技能,能够完成一定难度的竹屋设计和建造任务,并且在设计中能够合理运用竹材和其他材料,保证结构稳定和美观
水平 2 合格表现	学生对于"听风竹屋"课程中的竹屋设计与建造基本知识和技能掌握较浅,只能完成简单的竹屋设计和建造任务,在设计中存在结构不稳定、美观性不佳等问题
水平 1 须努力表现	学生未能够掌握"听风竹屋"课程中的竹屋设计与建造知识和技能,无法完成课程要求的设计和建造任务

第六节　竹韵诗歌

一、教学目标

（1）了解中国古代竹文化的历史和发展。
（2）掌握古代和现代诗人创作的关于竹子的优秀诗歌及其意境。
（3）通过模仿和创作,培养学生欣赏诗歌的能力。
（4）加深学生对中国传统文化的认识和兴趣。

二、教学分析

利用网络资源,如中国诗歌网、古诗文网等,借用经典的唐诗、宋词、元曲等,以古典音乐等为背景音,利用营地竹林,以诗词创作、诗词朗诵、诗词交流等形式拓宽学生视野,提升学生的审美能力。初中生好奇心比较强,对新鲜事物有较强的探究能力,掌握了一定的诗词理解和鉴赏能力,对诗词有一定的创造力,但是在欣赏和审美方面还需要提升,本课程可以较好地弥补这方面的不足,有助于初中生在创作中提高自身的审美能力和创造力。

在本课程中,学生将从竹文化和古代诗歌中学习竹子悠久的历史文化底蕴,课程中学到的诗词作品以其深情、含蓄的表达方式,描绘了竹子的坚韧、高洁以及对自然之美的追求,它们展示了竹子在中国文学中的重要地位。学生将学习到如何运用自己的想象力和创作能力来表达对竹文化和中华传统文化的情感态度,这不仅是中华民族文化意识和精神的情感启蒙,也能锻炼学生的综合素质能力,特别是文学创作能力和思辨创新能力。

三、教学过程

(一)竹文化概述

(1)介绍竹子在中国文化中的地位和象征意义。

(2)概括竹文化的历史背景和发展演变。

(二)古代及现代竹子诗歌赏析

(1)针对传统文化经典进行赏析,课程围绕唐代和宋代的竹子诗和现代的竹子诗作品进行欣赏。

(2)展现古代和现代诗人对竹子的诗歌表达和文化内涵的理解和创作,以及他们的创作手法和语言技巧。

(三)竹子诗歌表达的交流

(1)引导学生了解诗歌的构成、韵律等基础知识。

(2)基于所学,采用模仿的方式,让学生以竹子为主题,自由发挥,进行短篇诗歌的创作,来表达自己的情感和体验。

(四)交流分享和点评

(1)学生分享自己的作品,与教师和同学进行交流和互评。

(2)通过分享和交流,让学生了解诗歌创作的思路和技巧,收集不同的观点和风格创作来增加创作灵感。

(五)诗歌欣赏与创作

(1)将学生的优秀诗歌作品集结起来,尝试创作一首以竹文化为主题的联唱诗歌作品。

(2)让学生进行合作创作,锻炼他们的团队合作精神和创新能力。

四、教学评价与反思

(一)教学评价

1. 评价内容

(1)学生可以创作出符合诗歌形式的竹子主题的诗歌。

(2)学生创作的诗歌契合主题,并且能够以小组为单位清晰表达诗歌意境。

2. 评价量表

表 3-8 "竹韵诗歌"课程评价量表

水平 4 优越表现	学生能够创作出具有深度和独特风格的竹韵诗歌作品,结构严谨,意境深远,表达流畅,能够巧妙地运用竹子和竹文化元素,展现出对竹文化的深刻理解和热爱
水平 3 良好表现	学生能够创作出内容丰富、形式新颖的竹韵诗歌作品,能够较好地运用竹文化元素,并且在表达和意境方面有一定的突破和创新,展现出对竹文化的积极探索和理解
水平 2 合格表现	学生能够创作出一些符合基本要求的竹韵诗歌作品,但在创意和表达上较为普通,对竹文化的表达能力有限,作品缺乏深度和个性
水平 1 须努力表现	学生未能够完成竹韵诗歌课程的基本要求,无法创作出符合规范的竹韵诗歌作品,对竹文化的理解和表达能力较差

(二)教学反思

(1)今后可以让学生对自己的学习过程和综合表现进行回顾和总结。

(2)对竹文化的情感认识和对古诗文的评论可以更深刻,以增强学生对中国传统文化的掌握和认同。

第四章

"桥梁之美"活动课程

第一节 "桥梁之美"活动课程指导纲要

一、意义与背景

桥梁,不仅仅是人们日常生活中的交通工具,更是一种美的象征。桥梁不仅连接了人与人,也连接了人与自然。桥梁的美体现在其建筑设计和工艺技术上,凝聚了人们对于和谐与进步的向往。桥梁的美在于其独特的建筑设计。无论是大桥还是小桥,每一座桥的设计都经过精心策划和考虑。桥梁的设计充分考虑了地质条件、水文环境、交通需求以及人们的视觉和审美需求等因素。这些因素汇聚在一起,创造了独特而优雅的桥梁形态。有些桥梁如雁栖大桥、拉萨大桥等,以其设计的创新性和魅力成为一座地标。桥梁的美在于其精湛的工艺技术。修建一座桥梁,需要大量的工程技术和专业知识。设计师和工程师们通过对桥梁结构、材料性能、施工方法等方面的研究和创新,将科学技术融入桥梁建设中,使桥梁更加坚固耐用,并能承受各种自然灾害的考验。例如,钢结构桥梁的设计和施工技术的发展,使得大跨度、高强度的桥梁得以实现,更大程度上满足了人们的交通需求,同时也提升了桥的美感。桥的美在于其与自然环境的融合。桥梁犹如一条细长的线条,蜿蜒于山间,横跨于湖面之上。桥梁往往与周围的山水相互映衬,自然与人工的融合使得桥梁既是人们通行的通道,又成为风景中的一抹亮丽色彩。无论是流水潺潺的小桥,还是巍峨壮观的大桥,都给人们带来了一种宁静和美丽的感触。桥梁的美还体现在其所承载的人文价值上。桥梁不仅是人们交通出行的必经之路,更是人们经济文化活动的聚集地。桥梁的建设对于人们的生产生活起到了极为重要的作用,为人们的交往和交流提供了便利。例如,南京长江大桥不仅连接了南京市区与南京南部地区的交通,更成为南京市繁荣和发展的象征。

除此之外,桥梁的美还体现在其所蕴含的文化意义上。桥梁见证了人类的智慧和创造力,也传承了当地的历史和文化。桥梁的美是多元的,它可以体现在形态、结构、技术等方面。它是一种将人类的理想和实践相结合的艺术形式。正因为有了桥梁，人们的生活才能更加便利，人们的情感才得以交流。桥梁的建设是人类文明进步的象征，也是一种向往和追求美的体现。

总之，桥梁是美的象征。桥梁的设计和建设既体现了人们对和谐社会的追求，也展示了人类的智慧和创造力。桥梁的美是一种文化和艺术的表达，也是人与自然和谐共生的见证。让我们珍惜身边的桥梁，欣赏桥梁的美，让桥梁成为我们生活中美丽的一部分。

二、课程的基本认识

（一）课程的教育目标

"桥梁之美"课程，根据《中国学生发展核心素养》，以科学性、时代性和民族性为基本原则，以培养"全面发展的人"为核心主题思路。通过创设一定情景，让青少年亲身体验，并从课程中获得认识与感悟，从而培养青少年的审美能力、实践能力、创新能力以及热爱生命、热爱自然的良好心理素质和道德品质。

在东方绿舟，有一个由桥组成的世界，它就是"趣桥世界"。趣桥世界由二十多座不同风格的桥组合而成，每座桥桥体造型各异，名称与设计各具特色。除了在色彩、造型上给人耳目一新的感觉外，更重要的是参与性强，过桥的难度很高。桥梁自身的美是一种近观显巧之美，与环境有机融合就会达到宏观构景的效果，若再蕴含人文关怀，构成一种意境，便是达成了三位一体。三位一体是桥梁美的终极形态，也是桥梁设计者们不懈追求的目标。未来，随着新材料、新工艺、新技术的不断涌现，在满足桥梁结构受力安全、施工可行的条件下，桥梁设计者们将更随心所欲地对桥梁进行构型，创造出更具生命力、艺术性的桥梁。

表 4-1 "桥梁之美"课程目标

三个方面	基本素养	能力培养	具 体 要 求
文化基础	人文底蕴	了解桥梁的文化	通过PPT学习东西方桥梁文化，学习和了解东西方著名桥梁建造的基本知识及特点；通过观看跨海大桥视频，了解世界上最长的跨海大桥——港珠澳跨海大桥；结合视频谈一谈跨海大桥对于民族复兴和地区发展的重要作用
		连接民族复兴的桥	
		弘扬合作共赢的桥	
	科学精神	了解桥的构造	开展各类自主探究学习，有目的地根据任务驱动到达各目的地，收集桥梁构造、特点、作用等资料；运用现代手段，设计最美的桥、最牢固的桥、最安全的桥，提高信息搜集与问题解决能力，提升学习能力
		古代桥梁建造技术	
		现代桥梁研究	

(续表)

三个方面	基本素养	能力培养	具体要求
自主发展	学会学习	寻找绿舟的桥	通过寻找绿舟的桥和设计制作绿舟的友谊桥,体验桥梁设计制作,学习环保理念;在体验过程中运用自己所学的学科知识、劳技知识等,学以致用,进而激发学习潜能;在实践中,克服遇到的困难,学会反思,完善自我
		创作一座友谊桥	
		学会自我反思	
	健康生活	养成健康体质	通过徒步,学会在陌生的环境中分工合作,掌握与人相处、沟通的技巧,寻找解决困境的方法;通过运动之桥,提升学生的运动能力、动手能力,培养学生的审美观,在活动中展现个性特长;践行社会主义核心价值观,注重校内外课程的有效衔接,促进学生的全面发展,提升学生的科学素养
		学会团结协作	
		展示个性特长	
社会的参与	责任担当	增强公民意识	规范自我行为,树立正确的人生观和世界观,立志成为对社会有用的人才;在活动体验中,学会分工,树立责任意识和社会担当意识,关心他人,关心集体
		规范道德行为	
		树立奋斗目标	
	实践创新	寻找最美之桥	通过活动体验,学习掌握并能熟练运用相关桥梁制作技能;培养审美观,提高问题解决能力,在活动任务探索中磨练意志品质;增强安全意识和自我保护能力;敢于创新,勇于探索,对遇到的问题提出自己的看法
		体验运动之桥	
		探秘彩虹之桥	
		搭建未来友谊之桥	

(二)课程的教学原则

"桥梁之美"课程坚持实践性原则,由教师与学生合作开发与实施。教师和学生既是活动方案的开发者,又是活动方案的实施者。结合学生身心特点、接受能力和实际需要,注重系统性、知识性、科学性和趣味性,为学生全面发展提供良好成长空间。以东方绿舟趣桥世界特有的运动桥和园区仿制的特色桥梁为活动媒介,因地制宜,引导学生发现中国劳动人民的非凡智慧和艺术创造力,让学生走出课堂,步入森林与湖泊之间,开拓视野,陶冶情操,在活动中认真玩,体验玩中学、学中做。在课程活动中,学生在东方绿舟寻找最美的桥、挑战运动的桥、探秘彩虹的桥、搭建未来友谊之桥,从而感悟桥梁之美,承担起传承桥梁文化的社会责任感和历史使命感。

倡导学生的自主选择和主动实践是实施综合实践活动的关键。第一,学生要形成问题意识,善于从日常生活中发现自己感兴趣的问题。第二,学生要善于选择自己感兴趣的课题。第三,在"桥梁之美"课程的开展阶段,可以采取多种多样的组织方式,主要包括:个人独立探究的方式;小组合作探究的方式;班级合作探究的方式;跨班级与跨年级合作探究的方式;学校合作探究的方式;跨学校合作探究的方式;跨地区、跨国界合作探究的方式;等等。第四,在探究过程中要遵循亲历实践、深度探究的原则,倡导亲身体验的学习方法,引导学生对自己感兴趣的课题持续、深入地探究,而不是浅尝辄止。

教师要对学生的活动加以有效指导。在指导内容上,综合实践活动的指导就是创设学生发现问题的情境,引导学生从问题情境中选择适合自己的探究课题,帮助学生找到适合自己的学习方式和探究方式。在指导方式上,综合实践活动倡导团体指导与协同教学。不能把综合实践活动的指导权只赋予某一学科的教师、班主任或专门从事综合实践活动指导的教师,而应通过有效的方式将所有教师的智慧集中起来,对综合实践活动进行协同指导。

(三) 课程内容

本课程的开发以东方绿舟已有的桥梁作为教学素材,通过桥梁的亮点特色开发活动课程,符合时代发展、学生身心发展与智力发展的需要,突出实践性与知识性的融合、科学性与教育性的融合,通过四个单元设计课程,在园内选择 30 座知名的桥梁,安排讲解员对桥梁的历史、建造过程、设计特点等进行讲解,同时从学生角度拍摄桥梁照片,发现不一样的桥梁之美。东方绿舟秉承"童趣、情趣、野趣"的建营理念,趣桥世界是孩子们展示童趣的好地方,趣桥世界的运动桥可以锻炼学生的柔韧性、协调性、力量性、耐力等身体素质,展现桥梁的运动之美。彩虹桥连接了上海和江苏,全长 1 467 米,有消浪、生态修复、亲水、文化景观等功能,学生可在徒步的过程中感悟彩虹桥的重要作用。

表 4-2 "桥梁之美"课程内容

课程名称	活 动 主 题	活动主要内容
寻找最美的桥	桥梁映像:探寻绿舟之美与世界之最	通过 PPT 了解中西方桥梁文化,学习中西方著名桥梁的特点和作用,观看世界最长的跨海大桥,了解港珠澳大桥对于民族复兴的重要意义,按照任务书的要求,在东方绿舟挑选一座最美之桥
挑战运动的桥	动力桥梁:运动与工程的融合之旅	讲解运动桥的特点和安全事项;体验 18 座风格各异的运动桥,讲讲这些桥梁可以锻炼哪些身体素质;在五环桥上合影,感受更高、更快、更强的奥运理念,感悟桥梁与运动相结合的力量之美
探秘彩虹桥	七彩探索者	通过徒步活动,欣赏淀山湖的美丽风景,增强体质;按照任务书的要求观察彩虹桥的建造特点,找到彩虹桥的秘密;通过合作,提升相互帮助和责任意识

(续表)

课程名称	活动主题	活动主要内容
搭建未来友谊之桥	绿色创想友谊之桥	通过活动普及环保材料,树立保护绿色的意识;创设激烈的竞争环境,提升应变能力与创造力;按照设计图,明确任务、各尽其责、分工合作,完成未来之桥的搭建

(四)课程的教学方法

在组织模式上,本课程以项目化学习为主导,通过沉浸式任务驱动模式,体现自主、体验、合作、创新的教育理念。通过讲授、讨论、交流、体验,互相启发思维,明确目标;通过情境教学,使学生潜移默化,感受自然生态的多元性;通过实践操作,引导学生学会合作、克服困难;通过网络多媒体技术,培养学生热爱科学、善于创新、勤动脑;通过小组互动交流的方式,创设激烈竞争的环境,培养学生善于创新、勇于争先的激情;通过大胆设想,形成特殊的产品设计,提升学生的动手能力和创造力,同时让学生学会在大自然中获取创造灵感。最终,使学生养成勇于创新、学会生活、关爱他人的良好道德品质。

三、课程评价

"桥梁之美"课程以综合实践活动为主,引导并培养学生主动参与、学会合作、乐于探究、勤于思考,关注学生在实践活动中的动手能力、运动能力和审美能力。因此,采用多元化的评价方式,由学生自评、同学互评和教师评价三部分组成。每个评价主体都具有相同的权重,活动中的每一个参与者都成为评价者,从而提升学生的积极性。新型的评价体制把学生的体能、知识与技能、学习态度、情意表现与合作精神纳入学习成绩评定的范围内,并让学生自主参与活动评价过程,以体现学生学习的主体性,从而提高学生的学习兴趣。

(一)"桥梁之美"课程内容设计的合理性

通过课程设置,学生不仅学习了理论知识,还进行了大量的实践活动。课程内容的设置兼顾了理论与实践,能够将所学知识实际应用到实践中,真正提升学习能力。课程还设置了一些与实践相关的项目,提供了机会去锻炼和展示学生的综合实践能力。

(二)"桥梁之美"课程注重培养团队合作能力

在实践项目中,学生要与其他同学合作完成任务,这对于培养团队协作能力非常重要。通过与团队成员的交流与合作,学生学会了与不同的人合作,充分利用自身优势来完成任务。这对学生的个人发展非常有帮助,能让他们在团队合作中取得更好的成绩。

(三)"桥梁之美"课程注重培养创新思维

在实践活动中,不仅要完成已有的任务,还要不断寻求改进和创新的方法。通过这种方式,学生不仅提高了解决问题的能力,还培养了创造力和创新能力,这些都是非常重要的能力,在未来的学习和工作中都能够得到应用。

通过实践项目,学生可以了解社会的需求与挑战,同时也在实践中发现了自己的不足之处,使自己不断学习与进步。总体而言,课程给学生提供了全方位的学习与发展机会。通过对这门课程的学习,学生不仅掌握了理论知识,还培养了实践能力、团队合作能力和创新思维等综合素质。

总的来说,这门综合实践活动的课程以其内容合理、注重团队合作、培养创新思维和与社会接轨等特点,为学生提供了全面发展的机会和平台。

第二节 寻找最美的桥

一、教学目标

(1)通过 PPT、视频等让学生了解中西方著名桥梁的特点、作用等,从而更好地理解桥梁之美与人类命运共同体理念。

(2)按照任务卡要求找到东方绿舟的特色桥梁,结合桥梁周边的美景,拍摄心中的最美桥梁,通过交流分享选出大家认可的绿舟最美桥梁。

(3)对评比要求进行分组讨论,形成一份设计报告,为绿舟的美景增添新颖的创意。

二、教学分析

(一)教育资源分析

桥梁在社会发展中融入了美学的理念和相应的设想,逐步形成坚固美观的桥梁美学思想。既要关注桥梁本身的功能和美观,又要关心桥梁对环境、对城市的影响,以及其作为城市标志建筑的意义,与周围环境的和谐之美。我们来了解一下东西方的著名桥梁都有哪些特点和吸引人的亮点。

(二)学情分析

(1)学生对桥梁的了解程度:大部分学生可能只了解一些常见的桥梁类型,如悬索桥、拱桥等,对于桥梁的设计原理、结构特点以及与环境的关系等方面的了解较少。

(2) 学生对桥梁美学的认识:学生可能没有深入思考过桥梁的美学价值,对于桥梁如何融入环境、如何成为城市的标志等问题可能没有明确的认识。

(3) 学生对桥梁设计的兴趣:部分学生可能对桥梁设计有一定的兴趣,但对于如何设计一座既美观又实用的桥梁可能没有清晰的思路。

(4) 学生对环保意识的认识:在现代社会,环保已经成为一个重要议题,学生可能已经有一定的环保意识,但对于如何将这种意识融入桥梁设计中还不太清楚,可能需要进一步的引导和教育。

(5) 学生对团队合作的态度:在这个项目中学生需要进行分组讨论和合作,这对于学生的团队合作能力和沟通能力是一种考验。

(6) 学生对创新思维的培养:通过这个项目,可以培养学生的创新思维,鼓励他们提出新颖的设计理念,为绿舟的美景增添新的创意。

三、教学过程

(一) 器材准备

PPT 文件、手机、相机、投影仪、任务卡、笔。

(二) 课程导入

同学们,东方绿舟毗邻有"东方日内瓦湖"之称的淀山湖,占地 5 600 亩,其中水域 2 000 亩,水域浩渺、植被苍翠、风光旖旎。东方绿舟园区内桥梁密布,今天我们要学习桥梁的知识,通过桥梁本身的美和周边景物相映成趣的美,来为东方绿舟提出一些美的建议。

(三) 活动准备

1. 东西方著名桥梁的介绍

分小组学习,每组为 8～10 位同学,并选出组长。通过 PPT 对东西方的著名桥梁做介绍,让同学们思考这些桥梁为什么能成为世界著名的桥梁。小组讨论著名桥梁的造型和结构、优点、亮点以及各个桥有什么共性和不同的地方。

2. 活动规则

小组成员认真讨论,然后根据任务的分工和园区地图寻找需要寻找的桥梁,明确活动规则,在规定的时间内完成任务。

3. 注意事项

(1) 小组成员发挥团结协作的精神,一起根据地图路线行进。

(2) 禁止任何同学离开团队。
(3) 爱护绿化、爱护课程活动器材。

(四) 活动开展

(1) 学生按照活动课程要求完成活动任务，指导教师在一些桥梁附近指导学生进行拍照、观察等活动，引导学生发现不一样的美。

(2) 指导教师要适时根据学生执行任务的情况不断地启发学生，明确学习任务，做到知行合一。

(3) 学生以项目化学习的这条主线——完成任务，注重每一任务的衔接，循序渐进。

(4) 学生完成任务后返回活动集中点，对本组的照片进行挑选，选出 1 至 2 张照片作为自己小组的作品，参与活动最后的交流分享。

(五) 师生交流分享

(1) 提问：请各组展示自己的作品，谈一谈作品美在哪里。

学生回答：活动交流前，同学们已经根据自己小组所拍摄的照片进行了讨论，选出来大家都认同的能代表东方绿舟最美桥梁的照片。每组选派一位代表进行交流，先介绍自己拍摄的桥梁是东方绿舟园区内的哪座桥梁，它美在什么地方。

(2) 提问：如果绿舟园区还需要造一座桥的话，你觉得造在哪里最美？

学生回答：在整节课的活动中，同学们已经到访了绿舟的很多区域，在行走的时候有时会遇到河流阻断、需要绕路的情况，而且桥梁又离该区域非常远，桥梁的布局存在不合理因素，可以以这个视角来为绿舟游玩的游客们布局一座桥梁。

四、教学评价及反思

(一) 教学评价

1. 评价内容

(1) 关注学生自主学习方式的习得，评价学生在活动过程中能否做到自我体验、自我表现、自我合作。

(2) 关注合作意识和能力，重视学生能否相互学习、分工明确、共同提高、与他人和谐相处。

(3) 充分关注学生的发展差异，注重发掘学生的潜能，做好相关案例记录。

(4) 关注学生在课程展示活动中的表现，观察学生自我展示、愉快学习的活动过程。

2. 评价量表

表 4-3 "寻找最美的桥"课程评价量表

水平 4 优越表现	学生在活动中能完全理解课程内容,根据活动任务快速找到任务点桥梁,充分理解最美桥梁的意义。在整个活动中,小组成员分工明确,相互配合,相互帮助,成员之间相处融洽,行动统一,能体现积极探索、团结协作的精神。在分享交流中,小组成员都能客观正视本小组所存在的问题,并有明确的解决方案
水平 3 良好表现	学生在活动中能理解大部分课程内容,根据活动任务能较快地找到任务点桥梁,能从不同角度拍摄出大家认同的最美桥梁。在整个活动中,小组成员分工明确,相互配合,相互帮助,成员之间相处融洽,行动统一,体现了团结协作的精神。在分享交流中,小组成员都能客观正视本小组所存在的问题,有较明确的解决方案
水平 2 合格表现	学生在活动中基本能理解课程内容,根据活动任务能找到任务点桥梁,但拍摄桥梁的角度不够新颖。在整个活动中,小组成员分工明确,相互配合,相互帮助,成员之间相处融洽,行动统一。在分享交流中,小组成员基本能客观正视本小组所存在的问题,解决方案比较模糊
水平 1 须努力表现	学生在活动中不能理解课程内容,不能根据活动任务找到任务点桥梁,拍摄的桥梁缺乏清晰的主题。在整个活动中,小组成员分工不明确,不能相互配合,相互帮助,成员之间相处不融洽,行动不统一。在分享交流中,小组成员不能正视本小组所存在的问题,态度消极怠慢

(二)教学反思

(1)教师在教学中运用了总—分—总的教学模式:通过总讲让学生对桥梁有一定的了解,让学生学习东西方著名桥梁的造型、结构和亮点特色等;通过分组活动使学生融入大自然,感悟自然美和人造美的完美融合;最后通过集中交流分享,利用多媒体等教学手段将教学内容更直接地呈现给学生,让学生通过视觉感官,感悟不同审美角度,提升教学效果。

(2)在活动中,教师还可以通过项目化学习的方式来明确项目任务、制订计划、实施计划、检查评估,通过开展头脑风暴的形式进行讨论和交流。特别是在拍摄桥梁照片的时候,应该设计更多的任务来指导学生进行活动,从而弥补活动存在的不足。

(3)活动照片的上传消耗的时间比较长,需要在下次的活动中进行改进,保证活动中不冷场。

五、相关链接:东西方著名桥梁

(一)东方

1. 云天渡

云天渡(Yuntiandu Glass Bridge),原称张家界大峡谷玻璃桥,位于中国湖南省张家界市,为张家界风景区的重要景点之一。桥长 536 米,宽 6 米,桥面铺设了 99 块三层叠加的钢化玻璃,曾是世界最长玻璃桥,也是世界首座以玻璃作为主受力结构的大型桥梁。

2. 赵州桥

赵州桥(Zhaozhou Bridge),又称安济桥,由隋朝石匠李春设计,距今 1 400 多年,是现存最古老的单孔敞肩石拱桥。桥体横跨洨河,主拱跨度 37.7 米,全长 50.82 米。其首创的肩部开凿小拱设计,较欧洲同类技术早 1 200 年。

3. 万安桥

万安桥(Wanan Bridge)的编木拱梁结构代表中国传统木构桥梁技术巅峰,其具有极高的传统美学价值。该桥始建于宋朝,2022 年 8 月因火灾损毁,曾被誉为"中国桥梁活化石"。

4. 港珠澳大桥

港珠澳大桥(Hong Kong‐Zhuhai‐Macao Bridge)是全球最长的跨海桥隧组合工程,连接香港、珠海与澳门,设计使用年限为 120 年,于 2018 年 10 月 24 日正式通车。

5. 东方绿舟桥梁

东方绿舟园内水网纵横,桥梁对于绿舟人的日常生活是重要的存在。绿舟园区内的桥形态各异,设计原型来自各个地方的著名桥梁,目前园区共有大大小小的桥梁近 30 座。除了常规的桥梁,绿舟也设置了趣桥世界,这里的桥梁将体育、游戏融入桥梁设计之中,等待大家去探索、挑战。下面对绿舟的主要桥梁做一些简单的介绍。

(1) 淀浦桥长 211 米,宽 10.5 米,是园区最大、最长的桥梁,贯穿园区南北,站在桥上可以领略"落霞与孤鹜齐飞,秋水共长天一色"的淀山湖美景。

(2) 绿舟赵州桥是一座圆弧形石拱桥,是按照中国现存最早、保存最好的巨大石拱桥赵州桥建造的。桥长 44 米,跨径 22.5 米,两端宽 4.4 米,桥的设计完全合乎赵州桥的科学原理。绿舟赵州桥位于绿舟湖上,桥的一侧是梅园,另一侧是绿舟大草坪,左右两边都是绿舟的人气景点,是专业摄影师拍摄美景的最佳景点。

(3) 廊桥是一座有屋檐的桥,有遮阳避雨、休憩、交流、聚会、看风景等用途,位于湖滨大道,长 20.6 米,宽 4.3 米,周边有绿舟的橘园、山楂林、柿子林等,生态优美,风景宜人。

6. 日本著名桥梁

(1) 明石海峡大桥(Akashi Kaikyo Bridge)跨越明石海峡,为桁梁式悬索桥,其两根主缆直径为 1 122 毫米,为世界上直径最大的主缆;主缆钢丝的极限强度为

1 800 MPa，创世界纪录。明石海峡大桥位于日本的本州与淡路岛之间，连接兵库县神户市与淡路岛，是两岛间的重要交通枢纽。

（2）圆月桥（Full Moon Bridge）采用传统木拱桥结构，通过石木纵横咬合形成拱状支撑，类似日本传统竹编工艺。桥梁以"满月"为设计灵感，十横十纵的木构象征圆满，圆弧桥身融合了东亚美学中的和谐意象。

（二）西方

1. 金门大桥

金门大桥（Golden Gate Bridge）位于美国旧金山，1937 年落成，是世界上最著名的钢桁梁悬索桥之一。金门大桥的桥身呈褐红色，从 1937 年到 1964 年，以主跨 1 280.2 米保持世界最长悬索桥纪录。1994 年，美国土木工程师协会将其列为"现代世界七大工程奇迹"之一。金门大桥是旅游胜地旧金山市最著名的地标之一。

2. 伦敦塔桥

伦敦塔桥（Tower Bridge）横跨泰晤士河，是维多利亚风格的典范。伦敦塔桥的两座主塔上建有白色大理石屋顶和五个小尖塔，远看仿佛两顶王冠。塔内设博物馆、展览厅、商店、酒吧等，游客可登塔俯瞰河景。

3. 米洛高架桥

米洛高架桥（Millau Bridge）被誉为"法国第一高桥"。该桥坐落在法国西南部的米洛市，采用多塔斜拉桥设计，斜拉索按单索面扇形分布。桥梁全长 2.46 千米，7 座桥墩中最高的桥塔达 343 米，大桥桥面离地 270 米。桥梁与周边自然景观形成"凌空丝带"般的视觉美感，被誉为"工程与艺术的共生杰作"。

第三节　挑战运动的桥

一、教学目标

（1）通过活动讲解让学生了解趣桥世界桥的特点，在自由活动中完成三座运动桥的挑战，对三座桥的运动属性和安全特性进行分享。

（2）让学生根据任务卡要求挑战趣桥世界的所有运动桥，根据每座桥的运动训练特点进行归类，感受运动的乐趣，养成锻炼的兴趣。

（3）活动中选取 5 座运动桥进行比赛，通过"比一比、赛一赛"让孩子们更好地掌握运动技能，进一步感悟桥梁的趣味性。

二、教学分析

（一）教育资源分析

"趣桥世界"活动区域分为南北两部分，共有 18 座运动桥，为了安全起见，在每座桥下都安装了安全保护网，确保学生能安全活动，不会掉入水中。丰富的活动资源，安全整洁的活动区域，富有挑战的活动项目，吸引着学生们来参与挑战。

（二）学情分析

体育运动对青少年学生有着天然的吸引力，对于利用桥梁进行体育运动，可能很多学生还是第一次参与，还不知道每座桥注重锻炼什么素质。通过体验运动桥，可以让学生了解桥的安全性，了解桥对运动技能的重要性，从而更好地提升团队的凝聚力。课程在组织实施上符合当下学生的生理及心理特点，注重校内外课程的有效衔接，更注重学生的全面发展，特别是科学素养的提升。

三、教学过程

（一）器材准备

音响、秒表、任务书、纸张、笔。

（二）课程导入

同学们，我们来到的是趣桥世界活动区域，趣桥世界共有 18 座风格各异的运动桥，我们将一一揭开它们的神秘面纱，了解每座桥的运动特点和安全要求。通过玩一玩、做一做、赛一赛，了解每座运动桥的特色，心动不如行动，跟上你们的小组，我们准备出发啦。

（三）活动准备

1. **分组并领取任务书**

每组有 8～10 位同学，选出组长，由组长领取任务书。任务书上标有 18 座桥梁的名称和训练的身体素质，各组需要把相对应的内容连接起来。

2. **活动规则**

活动前所有人员按照老师的要求认真讨论活动任务，然后根据任务的要求和时间的安排，在组长的带领下进行自由活动，每位同学扮演好自己的角色，明确活动规则，在规定的时间内完成任务。

3. **注意事项**

（1）小组成员应发挥团结协作的精神，遵守活动规则。

(2) 禁止任何同学脱离团队,听到集合哨声后必须回到集合点。

(3) 活动中不能奔跑,不能逆行,不能在器材上面摇摆和晃动。

(四) 活动开展

(1) 学生按照活动课程要求完成活动任务,指导教师巡视学生的活动情况。

(2) 指导教师要适时根据学生执行任务的情况不断地启发学生,明确学习任务,做到知行合一。

(3) 学生以沉浸式体验这条主线——完成任务,注重每个任务的衔接,循序渐进。

(五) 师生点评分享

(1) 提问:你挑战了哪三座桥?请说说它们的运动属性和安全性。

学生回答:我选了任务书上看上去最容易的桥梁,它们分别是玉兰桥、梅花桥和钻圈桥,它们的运动属性是平衡性和协调性,其中梅花桥相对比较安全,过桥时要抓好两边的绳子,脚下注意踩稳;玉兰桥锻炼了横向移动的能力,需要两个同学同时活动,这样能确保桥梁的平衡稳定;钻圈桥是考验身体协调性的,钻圈时需要手抓圈的上沿,然后两脚同时起跳,跳过圆圈。

(2) 提问:除了这18座桥,你觉得还可以增加一些什么样的运动桥?

学生回答:趣桥世界的18座桥,锻炼了各个方面的身体素质,每个人的运动能力不同,对运动桥特点的理解和过桥的方式都不一样,我们觉得趣桥世界的18座桥梁,可以锻炼人们的耐力、速度、协调性、柔韧性等,为满足来参加活动的团队的需求,可以考虑增加需要多人配合才能挑战完成的项目,这样更有利于团队的配合。

四、教学评价与反思

(一) 教学评价

1. 评价内容

(1) 关注学生自主学习方式的习得,评价学生在活动过程中能否做到自我体验、自我学习、自我探究。

(2) 关注合作意识和能力,评价学生能否相互交流、共同探讨、达成共识、与他人和谐相处。

(3) 充分关注学生的发展差异,注重发掘学生的潜能,通过比赛让同学们对运动之美有不同的理解。

(4) 关注学生有没有带着问题进行活动,引导学生乐于思考、勤于思考、善于思考,逐步养成独立思考的好习惯。

2. 评价量表

表 4-4 "挑战运动的桥"课程评价量表

水平 4 优越表现	学生在活动中能完全理解课程内容，根据活动任务能完成所有运动桥梁的挑战，充分理解运动美与桥梁美的关系，能抓准各运动桥与身体素质的内在联系。小组成员在活动中相互配合，相互帮助，成员之间相处融洽，行动统一，积极探索，敢于拼搏，勇于争光。在分享交流中，小组成员都能客观正视本小组所存在的问题，能提供符合逻辑的运动桥设计方案
水平 3 良好表现	学生在活动中能完全理解课程内容，根据活动任务能完成大部分运动桥梁的挑战，理解运动美与桥梁美的关系，能抓准各运动桥与身体素质的内在联系。小组成员在活动中相互配合，相互帮助，成员之间相处融洽，行动统一，积极探索，敢于拼搏，勇于争光。在分享交流中，小组成员能客观正视本小组所存在的问题，能提供有一定逻辑的运动桥设计方案
水平 2 合格表现	学生在活动中基本能理解课程内容，根据活动任务能完成部分运动桥梁的挑战，能了解运动美与桥梁美的关系，基本能抓准各运动桥与身体素质的内在联系。小组成员在活动中相互配合，相互帮助，成员之间相处融洽，行动统一，但积极探索、敢于拼搏、勇于争光的意识不足。在分享交流中，小组成员能客观地正视本小组所存在的问题，提供了运动桥设计方案
水平 1 须努力表现	学生在活动中基本能理解课程内容，根据活动任务能完成部分运动桥梁的挑战，不太了解运动美与桥梁美的关系，基本能了解各运动桥与身体素质的内在联系，活动中相互配合、相互帮助，成员之间相处融洽，行动统一，但积极探索，敢于拼搏，勇于争光的意识不足。在分享交流中，小组成员不能客观正视本小组所存在的问题，不能提供运动桥设计方案

(二) 教学反思

（1）在教学中，学生集合次数有点频繁，活动场地面积较大，导致学生在队伍集合中浪费了宝贵的活动时间，可以考虑优化集合的次数，通过发布任务的形式，尽可能让学生通过活动任务一步一步完成教师所要达到的目的。

（2）在安排自由活动时，不需要用到趣桥世界的所有场地，需要控制活动范围，这样方便学生管理和集合，也方便在集中讨论的时候将内容聚焦在几座桥上。

（3）在活动组织中，教师虽然很好地讲解了安全注意事项和做了热身运动，但对于学生的水瓶、帽子、口袋里的贵重物品没有做要求，导致部分学生在活动结束后，还在到处找自己的物品。

五、相关链接：东方绿舟的 18 座 "运动桥"

1. 五环桥

五环桥是根据奥林匹克五环的含义设计的运动桥，五环象征五大洲的团结以及全世界的运动员以公正、坦率的比赛和友好的精神在奥林匹克运动会上相见。五个不同颜色的圆环代表了参加现代奥林匹克运动会的五大洲——欧洲、亚洲、非洲、大洋洲和美洲。五环桥是挑战勇气的桥梁，每个环上允许一个人通行。

2. 滑道桥

滑道桥由两条铁索和基座组成，活动人员需要握紧滑竿从桥的一头滑到另一头，滑道桥考验的是手臂力量，每次活动允许一人通行。

3. 吊环桥

吊环桥是由若干个高低不同的吊环组成的钢丝桥，活动时要脚踩底下的钢丝，手抓上面的吊环，活动人员需要保持平衡，利用手臂的力量通过桥梁。每次活动允许一人通行。

4. 滚筒桥

滚筒桥由木制滚筒和底座轨道组成，活动时需要人站在滚筒内，通过脚步移动使滚筒往前行进，最终到达对岸。滚筒桥考验的是协调性和平衡能力，每次活动滚筒内可同时承载两人。

5. 脚蹬桥

脚蹬桥由 22 条长度一致的铁链和底部的脚蹬组成，活动人员在活动时需要脚踩脚蹬、手拉铁链，通过转换脚蹬到达对岸。脚蹬桥考验的是活动人员的协调性、力量、耐力等方面的身体素质，每次活动允许一人通行。

6. 晃板桥

晃板桥是由若干晃板组成的桥梁，活动时活动人员需要克服晃板的晃动，通过手脚配合移动到活动对岸。晃板桥考验的是活动人员的平衡能力，每次活动每个晃板上允许一人通行。

7. 云梯桥

云梯桥是由一个铁架子组成的桥梁，桥梁中间有铁杆连接，活动时活动人员需要抓住铁杆，利用身体的协调和手臂的力量移动到桥的对岸。每次活动允许一人通行。

8. 等距桥

等距桥是由上面一根铁链、下面两条平行的铁链组成的桥梁。在活动时活动人员需要抓住上面间距相等的手把，脚踩下面两条平行的铁链，通过移动走到桥的对岸。等距桥考验的是活动人员的协调性和平衡性，每次活动允许一人通行。

9. 栈道桥

栈道桥是由一堵铁墙组成的桥，铁墙上有高低不同的方孔，桥的左右两侧用铁链挂着脚踩的木块，活动人员在活动时需要把木块塞进方孔中，随着木块的增加，活动人员脚踩木块移动到对岸。栈道桥考验的是活动人员的力量、耐力、柔韧性等身体素质，每次活动允许一人通行。

10. 钻圈桥

钻圈桥由高低、大小不同的绳圈和平板桥组成,活动时活动人员需要钻过桥上的所有绳圈到达对岸。钻圈桥考验的是活动人员的柔韧性和敏捷性,每次活动每个绳圈前允许一人通行。

11. 同行桥

同行桥由两条铁链组成,活动时需要两名活动人员手扶手同时前行。同行桥是需要配合的运动桥,考验的是活动人员的默契程度和平衡性,每次活动允许两人同时通行。

12. 玉兰桥

玉兰桥上的图案是上海的市花白玉兰,活动时需要两名活动人员一起活动。玉兰桥考验的是活动人员的平衡性和快速移动的能力,每次活动允许两人同时通行。

13. 梅花桥

梅花桥是由5条铁链组成的桥梁,上面两条铁链为护绳,下面三条铁链上铺设了有梅花图形的铁墩,活动时活动人员脚踩铁墩、手扶护绳通过。梅花桥考验的是活动人员的快速移动能力,每次活动允许一人通行。

14. 波浪桥

波浪桥是由五块长板组成的桥梁,长板能随着活动人员的移动上下移动,活动人员需要保持平衡,每次活动允许一板一人通行。

15. 秋千桥

秋千桥是由一个个秋千组成的桥梁,在活动时活动人员需要保持平衡,两手拉住秋千的铁链,脚踩在板上,利用核心力量、耐力、身体平衡等快速移动到对岸,每次活动允许一人通行。

16. 钢丝桥

钢丝桥是由三根钢丝组成的桥梁,在活动时需要手扶上面的两根钢丝,脚踩底下的钢丝,保持身体平衡,走到对岸,每次活动允许一人通行。

17. 高架桥

高架桥由上下两根离地2.5米高的钢丝组成,在活动时活动人员需要手扶上面的钢丝,脚踩底下的钢丝,通过移动快速到达对岸。高架桥考验活动人员的胆量、力量、平衡能力等,每次活动允许一人通行。

18. 象棋桥

象棋桥由绳网织成的象棋棋盘和真的象棋组成,活动时两队人员需要在桥上通过象棋对弈,考验活动人员的智力、力量、攀爬能力等,每次活动只有胜利的队伍才能通过。

第四节 探秘彩虹桥

一、教学目标

（1）通过徒步活动感受淀山湖的自然美景，放松心情，增强心理健康和对美好事物的向往。

（2）根据任务卡要求探究彩虹桥的秘密，通过观察、走访、查阅等方式了解彩虹桥的设计原理，培养探索事物的兴趣。

二、教学分析

（一）教育资源分析

上海市青浦区淀山湖畔的"彩虹桥"，长 1 470 米，横跨于淀山湖上，连通上海、江苏两地，历时 3 年竣工。双 S 曲线造型，像蜿蜒的游龙，又似连绵的缎带。在夜景灯光下，真像一道彩虹！

彩虹桥有四个功能：消浪；生态修复；亲水；文化景观。

（二）学情分析

学生对于桥梁、环境生态等方面有一定的基础知识，对于科学探索的兴趣很强，在学习能力和问题解决方面，能通过观察、访问、查阅等方式，思考和解决问题。在合作与沟通能力方面，能积极沟通交流，有良好的合作意识，并能通过有效的合作完成探索任务。在学习态度和学习策略方面：有主动学习的态度、良好的学习习惯和学习策略等。

三、教学过程

（一）器材准备

音响、秒表、任务书、纸张、笔、手机。

（二）课程导入

同学们，淀山湖位于上海市青浦区与江苏省昆山市交界处，总面积为 62～63 平方千米，是上海最大的淡水湖泊。淀山湖是上海的母亲河——黄浦江的源头，上游承接太湖吴江地区来水，经急水港、大朱库、白石矶等 24 条河港汊入湖；经拦路港东西抑河、斜塘，下泄入黄浦江。今天我们将去往横跨淀山湖，连通上海、江苏两地的彩虹桥,那里也是上海观看日落最美的地方之一。彩虹桥全长 1 470 米,共 64 孔,我们将通过参观、访问、查阅资料等手段,探究彩虹桥的秘密,实地了解桥梁文化与知识。

(三) 活动准备

1. 分组并领取任务书

分组活动,每组有 8～10 位同学,选出组长,由组长领取任务书。任务书上标有彩虹桥的各个秘密的图片,同学们需要通过活动找到与这些图片相匹配的实景,通过观察、访问等手段,了解任务点里的内容有什么秘密、起什么作用。

2. 活动规则

活动前,所有人员按照老师的要求认真讨论活动任务,然后根据任务的要求和时间的安排,在组长的带领下徒步前往彩虹桥,每组明确自身任务,明确活动规则,在规定的时间内完成任务。

3. 注意事项

(1) 小组成员应发挥团结协作的精神,不能脱离集体或做一些危险的动作。

(2) 禁止任何同学靠近水面,水很深,容易出安全事故。

(3) 有慢性疾病不适合做运动的同学,需要提前和指导教师请假。

(四) 活动开展

(1) 学生根据任务书地图路线前往彩虹桥,按照活动课程要求完成活动任务,指导教师做好学生的安全管理工作。

(2) 指导教师要适时根据学生执行任务的情况启发学生,让学生明确学习任务,做到知行合一。

(3) 学生以沉浸式体验为主线——完成任务,注重每个任务的衔接,循序渐进。

(五) 师生点评分享

(1) 提问:在徒步的过程中,你们看见了什么美景?

学生回答:淀山湖风景宜人,特别是走在彩虹桥上,更是能感受到清新空气扑鼻而来,在桥上可以眺望远处风景,也可以看到江苏的美景。最让人满意的是,可以站在桥上拍落日美景。

(2) 提问:根据任务卡,你们找到了哪些彩虹桥的秘密?

学生回答:其一,消浪。经大桥消浪,内侧湖滨岸线堤顶高程可降低 1 米,有利于岸线综合利用和生态景观布置。

其二,生态修复。桥与岸之间形成约 600 亩静水区,利于沉水植物扎根、生长和繁育。

其三,亲水。市民可直达淀山湖岸线,实现滨水公共空间的开放。

其四,文化景观。彩虹桥水平设计成S形曲线,与岸线围合成蝴蝶形状。桥梁设计吸收了朱家角放生桥元素,主跨为五孔拱桥,长170米,常水位净高约7米。

四、教学评价及反思

(一) 教学评价

1. 评价内容

(1) 关注学生自主学习方式的习得,评价学生在徒步的过程中能否做到自我体验、自我学习、自我探究。

(2) 关注合作意识和能力,评价学生能否相互交流、共同探讨、达成共识、与他人和谐相处。

(3) 关注学生有没有带着问题进行活动,引导学生乐于思考、勤于思考、善于思考,逐步养成独立思考的好习惯。

2. 评价量表

表4-5 "探秘彩虹桥"课程评价量表

水平4 优越表现	1. 根据地图路线,能完成5千米的徒步行进 2. 在活动中能完全理解课程内容,根据活动任务能完成所有桥梁探秘 3. 小组成员在活动中相互配合,相互帮助,成员之间相处融洽,行动统一,积极探索,有敢于拼搏、勇于争光的精神
水平3 良好表现	1. 根据地图路线,能基本完成4~5千米的徒步行进 2. 在活动中能理解课程内容,根据活动任务能基本完成所有桥梁探秘 3. 小组成员在活动中相互配合,相互帮助,成员之间相处融洽,行动统一,积极探索,有敢于拼搏、勇于争光的精神
水平2 合格表现	1. 根据地图路线,有部分人员能完成3~4千米的徒步行进 2. 在活动中能理解课程内容,基本能根据活动任务完成部分桥梁探秘任务 3. 小组成员在活动中相互配合,相互帮助,成员之间基本做到相处融洽,行动统一,积极探索,敢于拼搏、争光意识不强
水平1 须努力表现	1. 根据地图路线,大部分组员无法完成2~3千米的徒步行进 2. 在活动中有少数人员能理解课程内容,部分人员能根据活动任务完成部分桥梁探秘任务 3. 小组成员在活动中没有相互配合,相互帮助,成员之间相处不融洽,行动不统一,不积极探索,敢于拼搏、争光意识不强

(二) 教学反思

(1) 在教学中,教师对学生的体能了解得还不是很详细,学生在徒步的过程中休息的时间过长,导致活动的连贯性不够。徒步活动也需要增加一定的任务来刺激学生完成,这样教学效果可能会更好。

(2)学生在完成任务卡上的任务时,访问的对象比较单一,都是来彩虹桥游玩的游客,今后可以有意识地找一些工作人员或者当地的农民了解一些彩虹桥的秘密。教师在活动中还可以适当多做一些引导。

第五节　搭建未来友谊之桥

一、教学目标

(1)初步了解平面示意图画法与桥梁的不同造型及特点,通过观察不同造型的桥,让学生初步学会用图表达自己的构思设计,提高审美情趣,体验劳动创造美的思想情感,树立正确的劳动价值观。

(2)从作品的功能、结构、材料、工艺四个方面进行作品设计,能够正确画出作品的示意图和结构图,能够按图制作作品,养成技术素养。

(3)按给定的材料、设计草图制作好模型,通过作品的设计、探究,发展学生的创造性思维,让学生在与同学的交流、评价中对自己的设计进行反思与修改,完善自己的设计。

二、教学分析

(一)教育资源分析

编木拱桥是我国传统木架构桥梁中技术含量最高的品类,整个设计与构造极为特殊和精巧。所谓编木拱桥,就是用木头而不是砖石来构建拱形结构的桥。它将木材横纵交织,类似编竹筐时的经纬交织,来形成拱形,部分遵循砖石拱中的传力机制。除了力学原理特殊,编木拱桥的构造也很特殊:平直的木材,通过编织、交叉、叠压、互相咬合等方式形成拱形,并且在特别的节点联结。

(二)学情分析

搭建未来的友谊桥需要提前策划,其建构更要从桥梁的结构、形态、功能入手,不能盲目设计。青少年学生对桥梁的认识可能比较浅,对桥梁多样性的了解还不够全面,对建筑的设计构造还不能清楚地做到知行合一,尤其是对桥梁功能的理解还不够透彻,大多停留在桥主要连通河流,能使交通工具通行的认知层面上。同时,青少年学生的动手能力还有待提升,通过搭建编木拱桥,可以让学生了解更多的桥梁知识和建筑结构理念,在搭建中提升他们的动手能力。青少年学生有较强的观察能力和辨识能力,但是动手能力还有待加强,与同学协作的能力还有待提高。

三、教学过程

(一) 器材准备

多媒体设备、黏土、铜版纸、木料、塑料、金属、铁丝等。

(二) 课程导入

同学们,作为人类历史上一种奇特、罕见的桥梁形式,编木拱桥在整个世界文明史上都非常少见。尽管特异,它还是被广泛地记载,出现在不同的建筑文明和历史时期:古罗马时期的恺撒大帝修建过它,《清明上河图》里绘制过它,达·芬奇也留下了类似它的设计手稿,偷渡美国的日本船匠建造过它,德国的园林和挪威的山中也曾出现过它……结构巧妙独特的编木拱桥,在各个文化语境中都被视为独创或特例。

(三) 活动准备

1. 分组并领取任务书

分组活动,每组有8~10位同学,选出组长,由组长领取编木拱桥的材料,同学们通过沟通、观察、体验,找到编木拱桥的原理和方法,完成木拱桥的编织。

2. 活动规则

活动前所有人员按照老师的要求认真讨论活动任务,然后根据要求进行桥梁搭建,每组需要创造一座未来的友谊桥,明确自身任务,明确活动规则,在规定的时间内完成任务。

3. 注意事项

(1) 小组成员应发挥团结协作的精神,做好活动观察,商量活动步骤,做好活动统筹。

(2) 注意对活动器材的保护。

(3) 搭建未来友谊之桥比拼的是活动创意和对桥梁的理解。

(四) 活动开展

(1) 教师讲解木拱桥的历史,让学生通过了解历史提升对编木拱桥的兴趣,并观察现有木拱桥的桥梁结构和特性,再利用发放的材料动手编织木拱桥。

(2) 教师根据学生编织的木拱桥,进行活动点评和优缺点讲解,学生进一步完善本小组的作品。

(3) 教师讲解搭建未来友谊桥的要求,同学们根据要求进行小组讨论、资料查询,完成一座未来的友谊桥。

(五)师生点评分享

(1) 提问：编木拱桥的时候你们小组遇到了什么问题？

学生回答：看似简单普通的材料，要把它们组装在一起形成一座桥，还是要利用物理学寻找答案。搭建木拱桥还需要有明确的分工，如观察能力强的人去观察、动手能力强的人进行桥的搭建、逻辑思维强的人做好分析等。

(2) 提问：对于未来的友谊桥，你们有过畅想吗？

学生回答：关于未来的友谊桥，我们的想法是要能表达科技元素和感情元素，从现在来看，科技元素加强，感情联系就会减弱，所以我们在设计未来的友谊桥时要尽量平衡二者的关系。

四、教学评价及反思

(一)教学评价

1. 评价内容

(1) 自评：请同学们展示制作好的桥梁模型，看看哪一组的结构造型好，在展示和欣赏作品的同时，让每组代表介绍所制作的桥模型的特点，交流经验和感受。

(2) 互评：组织学生对被展示的作品分别进行评价，指出作品的合理性、新颖性以及尚可改进的地方，提出具体、实用、具有特色的改进意见或建议。

(3) 教师坚持以鼓励为主，允许学生对问题提出不同的解决方案，引导学生从多角度评价，善于捕捉学生作品的亮点并加以表扬。

2. 评价量表

表 4-6 "搭建未来友谊之桥"课程评价量表

水平 4 优越表现	1. 编木拱桥任务(100 分) (1) 结构美观与合理性：拱桥外观是否优雅，结构是否协调统一(40 分) (2) 承受荷载能力：拱桥是否能承受规定重量的荷载，稳定性如何(40 分) (3) 创意与创新：拱桥设计中是否有创新元素，是否展现了独特性(20 分) 2. 未来友谊桥设计与搭建(100 分) (1) 科技感、未来感、时尚感：桥梁设计是否体现了现代科技感，是否有未来风格的体现，以及时尚元素的融入(40 分) (2) 民族特点和特色：桥梁设计是否反映了民族特点和文化特色(30 分) (3) 实用性与创新性：桥梁设计是否实用，创新点是否能有效提升桥梁的功能或美观(30 分) 3. 活动交流(100 分) (1) 表达清晰度：代表小组交流的同学能否清晰、准确地传达本组的设计意图和理念(40 分) (2) 逻辑性与说服力：交流内容是否逻辑性强，是否具有说服力(40 分) (3) 团队协作：小组成员在交流过程中是否展现出良好的团队协作精神(20 分)

(续表)

水平3 良好表现	1. 编木拱桥任务(75分) (1) 结构美观与合理性：拱桥外观是否优雅，结构是否协调统一(30分) (2) 承受荷载能力：拱桥是否能承受规定重量的荷载，稳定性如何(30分) (3) 创意与创新：拱桥设计中是否有创新元素，是否展现了独特性(15分) 2. 未来友谊桥设计与搭建(75分) 科技感、未来感、时尚感：桥梁设计是否体现了现代科技感，是否有未来风格的体现，以及时尚元素的融入(30分) 民族特点和特色：桥梁设计是否反映了民族特点和文化特色(25分) 实用性与创新性：桥梁设计是否实用，创新点是否能有效提升桥梁的功能或美观(20分) 3. 活动交流(75分) (1) 表达清晰度：代表小组交流的同学能否清晰、准确地传达本组的设计意图和理念(30分) (2) 逻辑性与说服力：交流内容是否逻辑性强，是否具有说服力(30分) (3) 团队协作：小组成员在交流过程中是否展现出良好的团队协作精神(15分)
水平2 合格表现	1. 编木拱桥任务(50分) (1) 结构美观与合理性：拱桥外观是否优雅，结构是否协调统一(20分) (2) 承受荷载能力：拱桥是否能承受规定重量的荷载，稳定性如何(20分) (3) 创意与创新：拱桥设计中是否有创新元素，是否展现了独特性(10分) 2. 未来友谊桥设计与搭建(50分) (1) 科技感、未来感、时尚感：桥梁设计是否体现了现代科技感，是否有未来风格的体现，以及时尚元素的融入(20分) (2) 民族特点和特色：桥梁设计是否反映了民族特点和文化特色(20分) (3) 实用性与创新性：桥梁设计是否实用，创新点是否能有效提升桥梁的功能或美观(10分) 3. 活动交流(50分) (1) 表达清晰度：代表小组交流的同学能否清晰、准确地传达本组的设计意图和建设理念(20分) (2) 逻辑性与说服力：交流内容是否逻辑性强，是否具有说服力(20分) (3) 团队协作：小组成员在交流过程中是否展现出良好的团队协作精神(10分)
水平1 须努力表现	1. 编木拱桥任务(30分) (1) 结构美观与合理性：拱桥外观是否优雅，结构是否协调统一(10分) (2) 承受荷载能力：拱桥是否能承受规定重量的荷载，稳定性如何(10分) (3) 创意与创新：拱桥设计中是否有创新元素，是否展现了独特性(10分) 2. 未来友谊桥设计与搭建(30分) (1) 科技感、未来感、时尚感：桥梁设计是否体现了现代科技感，是否有未来风格的体现，以及时尚元素的融入(10分) (2) 民族特点和特色：桥梁设计是否反映了民族特点和文化特色(10分) (3) 实用性与创新性：桥梁设计是否实用，创新点是否能有效提升桥梁的功能或美观(10分) 3. 活动交流(30分) (1) 表达清晰度：代表小组交流的同学能否清晰、准确地传达本组的设计意图和建设理念(10分) (2) 逻辑性与说服力：交流内容是否逻辑性强，是否具有说服力(10分) (3) 团队协作：小组成员在交流过程中是否展现出良好的团队协作精神(10分)

(二)教学反思

在本次的教学活动中,对学生动手能力的预期过低。通过实践发现,学生们在编织木拱桥的任务中表现出了令人惊喜的学习能力和团队协作精神。他们不仅迅速掌握了编织技巧,而且在任务分工上也展现出了高效和合理性,对于项目的关键和难点部分能够迅速攻克。最终,他们交付的作品质量上乘,充分证明了他们在动手操作方面拥有扎实的基础技能。

此外,在未来友谊之桥的创作过程中,学生们展现了超前的创意思维。他们不仅准确把握了想要表达的主题,而且在制作过程中能够积极交流思想,以客观和谐的态度处理不同意见。这种开放和包容的讨论氛围极大地促进了学生之间的相互理解和合作,使得他们能够更好地完成布置的任务。在作品展示环节,同学们也提出了多样化的视角和创想,呈现了对桥梁设计的多元思考。

作为教师,应该相信学生的潜力,在未来的教学中可以进一步优化任务设置,鼓励学生发挥创造力和实践能力。同时,在引导学生进行团队合作时,应更加注重培养学生的沟通和协调能力,以便他们能在未来的学习中更加自如地运用这些技能,创造出更多富有创意和实用价值的作品。

第五章
"绿色中国,绿色未来"活动课程

第一节 "绿色中国,绿色未来"活动课程指导纲要

一、意义与背景

"绿色中国,绿色未来"课程立足于我国绿色发展的战略背景,积极响应国家对可持续发展的号召。随着环境问题的日益严重,人们对于绿色发展的认识不断提高,绿色中国成为中国重要的发展战略。本课程旨在培养学生的绿色意识,让他们深入了解绿色发展的理念和实践,为构建美丽中国、实现可持续发展做出贡献。

"绿色中国,绿色未来"课程具有多重意义。其一,课程强调经济与环境保护的协同发展,旨在让学生了解如何在保障经济增长的同时,实现环境保护和资源的可持续利用。其二,课程注重绿色生活方式的普及,引导学生从日常生活小事做起,培养节约资源、保护环境的良好习惯,为绿色中国的建设贡献力量。

通过学习"绿色中国,绿色未来"课程,学生将深入了解绿色发展的背景、意义和内涵,认识到自己在绿色发展中的重要角色,积极参与绿色发展的行动,为创造一个美好的绿色未来共同努力。

二、课程的基本认识

(一) 课程的教育目标

"绿色中国,绿色未来"课程,根据《中国学生发展核心素养》,以科学性、时代性和民族性为基本原则,以培养"全面发展的人"为核心主题思路。课程通过让学生亲身体验、自主感悟,培养他们的审美能力、实践能力、创新能力以及热爱生命、热爱自然的良好心理素质和道德品质。

表 5-1 "绿色中国,绿色未来"课程目标

三个方面	基本素养	能力培养	具 体 要 求
文化基础	人文底蕴	学会欣赏建筑之美	在地球村建筑之美课程中,通过活动让学生观察了解地球村不同建筑的风格,了解不同国家的风土人情,了解建筑对于生态环境的影响。在地球村植物鉴赏课程中,让学生了解植物特性,欣赏不同植物的不同美感,在活动体验中提升审美情趣
		提升审美情趣	
	科学精神	学会研究学习	让学生开展自主探究学习,有目的地完成课程任务单,学习建筑、植物、标识牌相关的知识。联系自己学过的学科知识和生活知识,拓宽自己的知识面,提升自己的综合学习能力
自主发展	学会学习	创作书签	在课程中通过活动培养学生善于观察、善于思考、不懂就问的习惯,提高学生的审美能力,培养学生的动手能力
		绘制未来屋	
	健康生活	善于发现美	通过活动让学生欣赏各国不同的建筑风格,观察了解地球村特色的植物布景,让学生深切感悟人类的智慧和创造力,体会大自然的神奇之处
社会参与	责任担当	生态保护	通过活动让学生了解人与自然的关系及人对生态的影响,了解建筑对于生态的影响,通过实践活动掌握生态保护知识,将其运用到以后的学习、生活中
	实践创新	培养创新精神	通过设计书签、绘制未来屋、设计地球村环保之路的活动,让学生开放思维,综合运用课程中所学习到的知识进行创作,进而培养学生的创新精神

(二) 课程的教育原则

"绿色中国,绿色未来"课程坚持直观教学原则,通过教师现场讲解和学生实地考察,师生合作开发与实施课程。在这一系列课程中,学生既是活动课程的开发者,又是活动课程的实施者。课程内容结合了学生的身心特点、兴趣爱好、接受能力和心理需求,注重知识的趣味性、知识性、科学性和系统性,注重学生的全面发展。坚持实践性原则,以地球村的特色植物和不同类型的建筑、标识牌为活动媒介,因地制宜,可以创造一个具有多元文化特色的学习环境,让学生在探索和体验中培养全球意识,加深对环境保护的认识,激发学生的探索欲、好奇心、创新思维和创造力;在活动中认真玩,体验玩中学、学中做。

倡导学生的自主选择和主动实践能力是实施综合实践活动的关键。第一,学生要形成问题意识,善于从日常生活中发现自己感兴趣的问题;第二,学生要善于选择自己感兴趣的课题;第三,在课程的展开阶段,可以采取多种多样的组织方式,主要包

括个人独立探究的方式、小组合作探究的方式;第四,在课程探究过程中要遵循亲历实践、深度探究的原则,倡导亲身体验的学习方法,引导学生对自己感兴趣的课题进行持续、深入的探究,避免浅尝辄止。

(三) 课程内容

课程基于东方绿舟现有的生态资源,以东方绿舟的道路景观、植物资源、建筑资源、环境标识为教学素材,通过对这些资源的开发利用,形成东方绿舟特色主题的生态课程,符合当代的生态发展需求,也更加符合学生身心发展的需要。通过课程的实施,由教师实地带领学生考察探究东方绿舟的植物、建筑、环保标识等资源,让学生对东方绿舟的生态环境有更加深刻的认识,再通过设计相关生态文创作品,让学生去主动了解和学习生态环保知识,从而增强学生的生态保护意识。

表 5-2 "绿色中国,绿色未来"课程内容

课程名称	活 动 主 题	活动主要内容
地球村 建筑之美 (1课时)	1. 了解地球村不同的建筑风格 2. 在互动中学习生态保护知识,利用课堂所学知识绘制自己的未来屋	学生观察地球村不同建筑的风格,了解不同国家的风土人情,学习建筑与生态环境的关系;通过实践活动掌握生态保护知识,能自己绘制未来屋
地球村 植物鉴赏 (1课时)	1. 观察地球村的常见植物,学习相关植物知识,了解身边常见的有毒植物 2. 在活动中学习植物与生态环境的关系,并在老师指导下学会制作植物书签	学生观察地球村的常见植物,认识植物的形态特点及生活环境,认识身边常见的有毒植物,树立植物安全意识,保护自身在地球村活动时的安全;学习植物与生态环境保护相关知识,了解植物与生态环境的关系,树立生态保护意识;利用自己喜欢的植物叶片制作书签
地球村 环保之路 (1课时)	1. 观察地球村里的各种标识,理解其含义 2. 结合地球村的建筑和植物特点,根据所学标识为地球村设计一条环保之路	教师讲解环保标识知识,通过发放地球村环保标识手册和学生实地观察,让学生了解地球村的各种标识;学生结合所学习的地球村的建筑、植物、标识相关的知识,为地球村设计一条环保之路

(四) 课程的教学方法

在组织模式上,以项目化学习方式为主导,通过沉浸式任务驱动模式,体现自主、体验、合作、创新的教育理念。通过讲授、讨论、交流、体验,互相启发思维,明确目标;通过情境教学,使学生潜移默化,感受自然生态的多元性;通过实践操作,引导学生学会合作、克服困难;通过结合课程内容进行设计创作,鼓励学生勤于思考、热爱学习、善于创新;通过小组互动交流的方式,创设激烈竞争的环境,培养学生善于创新、勇于

争先的激情;通过大胆设想形成特殊的产品设计,提升学生的动手能力和创造力,让学生学会在大自然中获取创造灵感。最终,让学生养成勇于创新、热爱自然、保护自然的良好道德品质,培养爱护生态环境的意识。

三、课程评价

本课程充分注意学生学习习惯的培养,因材施教,调动学生自主学习的积极性,遵循常规但不拘泥,根据学生的差异和特点,从具体到抽象对教材进行处理。课程设计突出了以学生为本、全面培养学生素养、自主合作探究学习的理念。教师运用丰富的表扬手段,让学生在学习中感受到成功的快乐。在教学过程中能运用新颖独特的教学方法,引导点拨学生,让学生动口、动手、动脑,主动参与教学过程,使学生的作品有美感,有灵魂。

第二节 地球村建筑之美

东方绿舟"地球村"亦可视为世界各国小庭院景区,是东方绿舟的一个极具特色的人文景观,汇聚了各国风情,还具备居住功能,可供游客或学生住宿生活。地球村针对世界上各种风格的建筑,按不同国家的园林特色布置成不同风格的小庭院,由30余幢公寓组成。其绿化以球类植物和修剪成型的花灌木为主,配以可代表不同国家的植物品种,如:东南亚国家房屋周围配置加拿列海枣等棕榈科植物;中国建筑周围配置早园竹、蜡梅、罗汉松等苗木,蕴含着中国文化的底蕴。总之,每幢公寓的建筑风格都取自一个国家或地区的民居特色,并且大多数公寓楼前都有与之相配套的民族文化雕塑。如澳洲公寓前的《澳洲之约》、奥地利公寓前的《音乐之声》、荷兰风车前的《橙色郁金香》等。地球村内环境优美,鸟语花香,绿化覆盖率在90%以上,给学生和游客提供了优美的住宿环境,其本身也是一道不可多得的风景线。

一、教学目标

(1)通过活动让学生观察了解地球村不同建筑的风格、不同国家的风土人情和建筑对于生态环境的影响。

(2)通过活动培养学生善于观察、善于思考、不懂就问的习惯,增强学生的审美能力,培养学生的动手能力。

(3)让学生通过实践活动掌握生态保护知识,能设计绘制自己的未来屋。

二、教学分析

（一）教育资源分析

地球村由 27 栋风格迥异的世界各国建筑组成。走进地球村，就像走进一本"世界建筑词典"，在这里可以领略到世界各国建筑的韵味。

（二）学情分析

本课程面向的对象是青少年，这个阶段的学生逐渐具备了抽象思维和逻辑推理能力，能够更深入地理解和运用学习的知识。他们已经初步形成了一定的学习意识和学习习惯，能够主动参与学习活动，有较高的自主性和独立性，对于新事物有一定接受能力和理解能力。地球村建筑之美课程从学生身边的环境出发，更能激发学生的好奇心和探索欲。本课程的活动内容与活动形式便于理解、易于接受，活动富有趣味性，符合青少年的心理需求。

三、教学过程

（一）准备阶段

（1）制作东方绿舟地球村建筑分布图。

（2）打印地球村建筑之美任务单。

（3）准备彩绘笔、A4 白纸、硬纸板。

（二）总讲阶段

1. 学生分组

教师将班级学生按 10 名学生一组分组，各组选举或指定一名组长。

2. 活动流程讲解

（1）教师给每个小组分发任务单（各组任务单里边任务不同）。

（2）教师带领学生实地观察地球村特色建筑并讲解不同国家的建筑风格，让学生了解建筑相关的知识。

3. 安全注意事项

在教师带领大家观察地球村建筑时，同学们应该听从教师安排进行活动，不能随意攀爬、破坏雕塑。严禁私自离开队伍或做任何与课程无关的事情，严禁随意穿行地球村小河。

4. 地球村建筑之美知识讲解

教师带领学生先从地球村的英国公寓讲起，由整个建筑的风格特点引申到英国的气候对于建筑风格的影响,然后依次讲解以下内容:① 大象屋、白鲸屋、蘑菇房(医务室)以动物和植物形象为特点的建筑风格;② 由非洲草屋和草裙舞雕塑,引申到非洲的风土人情;③ 丹麦公寓的风格特点,并引导学生讲一则童话故事;④ 美国木屋、英国木屋、奥地利公寓的建筑风格;⑤ 荷兰风车的建筑特点和风车对于荷兰的意义,荷兰郁金香的故事;⑥ 中国公寓的徽派建筑特点和周边的植物布局特点(松、竹、梅);⑦ 泰国公寓、瑞典公寓、土耳其公寓、瑞士木屋、乔治亚公寓的建筑特点;⑧ 西班牙公寓的建筑特点和西班牙斗牛士的故事;⑨ 德国公寓的建筑特点和德国的啤酒文化;⑩ 葡萄牙公寓、比利时公寓、美国公寓、罗马公寓的建筑特点;⑪ 希腊公寓的建筑特点和希腊文明对于世界文明的影响;⑫ 中国餐厅、澳洲公寓的建筑特点。

(三) 总结阶段
(1) 各组集合,在未来广场草坪坐下。
(2) 教师在学生集合时收回各小组任务单。
(3) 教师对各组任务单进行评阅。
(4) 教师向学生公布任务完成情况。
(5) 教师引导学生讨论活动情况。

(四) 设计自己的未来屋
每个小组准备四套彩绘笔和一定数量的 A4 白纸、硬纸板。每个学生按照所观察的不同建筑的风格,结合想象来设计自己未来想要的房屋。学生自己设计的房屋要有一定的生态环保措施。

(五) 师生点评分享
(1) 教师点评学生作品。
(2) 教师进行课外知识延伸,与学生一起讨论地球村的建筑有哪些吸引自己的地方,可以在哪些方面对建筑进行改造,使其更加节能、生态、环保。如:可以将屋顶都装上太阳能板,增加建筑垂直绿化等。

四、教学评价与反思
(一) 教学评价
1. 评价内容
(1) 学生能否遵守老师讲的活动规则与要求。
(2) 学生能否在规定的时间内顺利地完成活动任务。

(3) 学生参加活动是否有积极性,能否主动参与活动。
(4) 小组评价:将完成任务单的小组评为优秀小组。

2. 评价量表

表5-3 "地球村建筑之美"课程评价量表

水平4 优越表现	学生在活动中能完全理解课程内容,快速准确地完成小组任务单填写,受到教师好评,能体现积极探索、团结协作的精神。在建筑知识现场讲解活动中,全程遵守纪律,不破坏植物。在整个活动过程中,小组成员分工明确,相互配合,相互帮助,成员之间相处融洽,行动统一。在分享交流中,小组成员都能客观地正视本小组所存在的问题,并有明确的解决方案
水平3 良好表现	学生在活动中能理解大部分课程内容,能较好地完成小组任务单填写,能体现团结协作精神。在建筑知识现场讲解活动中,全程纪律良好。在整个活动过程中,小组成员分工较明确,相互配合,相互帮助,完成任务表现良好。在分享交流中,小组成员大多能正视本小组所存在的问题,并有较明确的解决方案
水平2 合格表现	学生在活动中能理解部分课程内容,能按时完成小组任务单填写,在教师的引导下能做到团结协作。在建筑知识现场讲解活动中,基本能做到遵守纪律。在活动中,小组成员在教师或组长的引导下能互相配合,相互帮助,按时完成任务。在分享交流中,个别小组成员能正视本小组所存在的问题,解决方案比较模糊
水平1 须努力表现	学生在活动中不能理解课程内容,对本课程完全不感兴趣,不能按时完成小组任务单填写,团结协作性较差。在活动中,大多数学生没能遵守纪律,有的还随意破坏建筑、雕塑。在整个活动中,小组成员意见相悖,没能相互配合,相互帮助,无法按时完成任务。在分享交流中,小组成员不能正视本小组所存在的问题,态度消极怠慢

(二) 教学反思

(1) 采取多种形式,培养学习兴趣。
(2) 在教学中加强与学生的互动。
(3) 在教学中可以创设问题情境,激发学生的求知欲望。
(4) 开展竞赛,提高学习热情。
(5) 讨论是掌握和巩固知识的必要途径,今后应鼓励学生积极参与讨论。

五、相关链接:地球村建筑之美——民族文化雕塑

1. 澳洲之约

《澳洲之约》(见图5-1)是一件富有创意与象征意义的公共艺术作品,旨在展现澳大利亚的独特风貌及丰富的自然与文化内涵。这件雕塑由两部分组成:一部分是精心雕刻的大陆轮廓,另一部分则是生动活泼的袋鼠形象。蓝色的大陆轮廓代表着澳大利亚广阔的土地和壮丽的自然景观,从湛蓝的天空到碧绿的海水,从金黄的沙滩

图 5-1 《澳洲之约》

到翠绿的森林,无不展现出这片土地的迷人魅力。红色和橙色的袋鼠则象征着澳大利亚特有的野生动物和活跃的生命力,它们在大陆上自由奔跑,与大自然和谐共处。整个雕塑的设计寓意着人类与自然的和谐相处,以及对美好生活的向往与追求。它不仅是一件艺术品,更是一种文化的象征,吸引着无数游客前来欣赏和拍照留念。《澳洲之约》传递了澳大利亚热情、友好、开放的精神风貌,也表达了人们对这片神奇大陆的无限热爱和期待。

2. 音乐之声

这座独特的《音乐之声》雕塑(见图5-2)不仅是一件精美的艺术品,更是对经典电影《音乐之声》的致敬。该雕塑以蓝色为主调,设计灵感来源于影片中的标志性场景——冯·特拉普家族在阿尔卑斯山上欢快歌唱与奔跑的场景。其流畅的线条和生动的形态仿佛捕捉到了音乐的灵魂,让人联想到那首脍炙人口的电影插曲《哆来咪》,唤起人们对美好时光的无限遐想。雕塑的设计巧妙地融入了音符、

图 5-2 《音乐之声》

乐谱等元素,象征着音乐的无处不在和它带给人们的欢乐与感动。每当夜幕降临,雕塑还会被柔和的光线照亮,成为园区内一道亮丽的风景线。对于喜爱电影的游客而言,这里无疑是一处不可错过的打卡胜地;而对于热爱艺术的游客来说,这尊雕塑则是对音乐之美的深刻诠释。站在奥地利公寓前的草坪上,凝视着这尊充满灵性的雕塑,人们不仅能感受到电影《音乐之声》所传递出的纯真与快乐,更能体会到艺术与生活之间的紧密联系。在这里,每一刻都是对美好生活的颂歌,每一次驻足都将成为难忘的记忆。

3. 橙色郁金香

如图 5-3 所示,这座位于地球村、紧邻荷兰风车的《橙色郁金香》雕塑,是一件由当代艺术家精心设计的公共艺术作品。风车巍峨耸立,其四片扇叶以红、白、橙、绿四色装点,色彩鲜明,随风轻摇,仿佛在娓娓道来荷兰的古老传说。五朵巨大的橙色郁金香雕塑,宛如五位优雅的舞者,在阳光的照耀下展现着它们动人的风采,为这片区域增添了一抹生动的艺术气息。

图 5-3 《橙色郁金香》

第三节 地球村植物鉴赏

一、教学目标

(1) 通过活动让学生观察了解地球村常见植物,认识地球村的有毒植物,让学生树立植物安全意识,保护自身在地球村活动时的安全。

(2) 通过活动培养学生善于观察、不懂就问的习惯,增强学生的户外安全意识,培养学生的动手能力。

(3) 学生通过实践活动掌握植物相关知识与植物鉴别方法。

二、教学分析

(一) 教育资源分析

东方绿舟地球村植物资源丰富,拥有百余种花草树木,还有成片的橘林、枇杷林、香泡林,适合开展各种植物课程。通过对地球村植物的讲解,也能更好地让学生熟悉地球村的地理环境,方便后期其他课程的开展。

(二) 学情分析

本课程面向的对象是青少年,这个阶段的学生逐渐具备了抽象思维和逻辑推理能力,能够更深入地理解和运用学习的知识。他们已经初步形成了一定的学习意识和学习习惯,能够主动参与学习活动,有较高的自主性和独立性。他们对于新事物有一定的接受能力和理解能力。本课程从学生身边的环境出发,能引起学生的好奇心和探索欲。课程的活动内容与活动形式便于理解、易于接受,活动富有趣味性,也符合青少年的心理需求。

三、教学过程

(一) 准备阶段

(1) 制作东方绿舟地球村特色植物及常见有毒植物分布图。

(2) 对东方绿舟地球村特色植物及有毒植物所在的区域进行编号,制作标识牌,将其插在植物旁边的土壤中。标识牌上注明植物的科、属、种,以及植物的有毒部位。

(3) 打印植物鉴赏任务单。

(4) 准备材料:硬纸板,硬质塑料,胶水,双面胶。

(二) 总讲阶段

1. 学生分组

教师将班级学生分组,每 10 名学生为一组。各组选举或指定一名组长。

2. 活动流程

(1) 教师给每个小组分发任务单(各组任务单里的任务不同)。

(2) 教师带领大家实地观察地球村特色植物及常见有毒植物,进行讲解(在讲解银杏树时采集银杏树落叶,在最后一个环节要制作书签)。

3. 安全注意事项

在教师带领大家观察认识有毒植物时,同学们应该听从教师安排进行活动,不能私自进行试验。严禁离开队伍或做任何与课程无关的事情。制作书签时注意胶水的规范使用。

4. 地球村植物知识讲解

教师带领学生先从地球村中国公寓旁用作行道树的银杏树讲起(银杏果有毒),讲解完后每人采集一片形状较完整、较干燥的银杏落叶。讲解中国公寓旁的南天竹(果实有毒)。然后行进至丹麦公寓楼前,顺便讲解用作绿篱的火棘、红花檵木、小叶黄杨。在丹麦公寓旁对绣球(绣球花有毒)进行讲解。再讲解白鲸屋旁的棕榈、八角金盘。其后讲解非洲草屋旁边的紫薇和枫杨。随后讲解大象屋旁的侧柏、桂花,再对英国公寓旁的月季花、花叶青木进行讲解。再前往餐厅小路,讲解路旁的夹竹桃(剧毒)。然后在中国餐厅旁的草坪上为学生讲解朴树、榉树(行道树)。前往比利时公寓,讲解路旁树坛中的茶梅。再讲解希腊公寓旁的龙爪槐和路边用作行道树的法国梧桐(并讲述法国梧桐的由来)。

(三) 总结阶段

(1) 各组集合,在未来广场草坪坐下。
(2) 教师在学生集合时收回各小组任务单。
(3) 教师对各组任务单进行评阅。
(4) 教师向学生公布任务完成情况。
(5) 教师引导学生讨论活动情况。

(四) 制作书签

每个小组分发两瓶胶水,一卷双面胶,一定数量的硬纸板和硬质塑料。开始制作书签,用双面胶将采集的银杏树叶粘在硬纸板上(注意要粘平一点,不要翘起来),然后在上面覆盖一层硬质塑料粘起来。一个简易银杏叶书签制作完毕,学生在回家后可以在硬纸板上涂写自己喜欢的内容。

(五) 师生点评分享

(1) 教师对课程及学生作品进行点评。
(2) 教师进行课外知识延伸,询问学生是否了解常见的有毒植物,家里都会有哪些有毒植物(滴水观音、水仙、红掌、长春花、虎刺梅、珊瑚豆)。提醒学生注意家中绿植栽培安全规范。

四、教学评价及反思

(一) 教学评价

1. 评价内容

(1) 学生能否遵守教师讲的活动规则与要求。

(2) 学生能否在规定的时间内顺利地完成活动任务。

(3) 学生参加活动是否有积极性,能否主动参与活动。

(4) 小组评价:将完成任务单的小组评为优秀小组。

2. 评价量表

表 5-4 "地球村植物鉴赏"课程评价量表

水平 4 优越表现	学生在活动中能完全理解课程内容,快速准确地完成小组任务单填写,受到教师好评,能体现积极探索、团结协作的精神。在植物鉴赏活动中,全程遵守纪律,不破坏植物。在整个活动过程中,小组成员分工明确,相互配合,相互帮助,成员之间相处融洽,行动统一。在分享交流中,小组成员都能客观地正视本小组所存在的问题,并有明确的解决方案
水平 3 良好表现	学生在活动中能理解大部分课程内容,能较好地完成小组任务单填写,能体现团结协作的精神。在植物鉴赏活动中,全程纪律良好。在整个活动过程中,小组分工较明确,相互配合,相互帮助,完成任务表现良好。在分享交流中,小组成员大多能正视本小组所存在的问题,并有较明确的解决方案
水平 2 合格表现	学生在活动中能理解部分课程内容,能按时完成小组任务单填写,在教师的引导下能做到团结协作。在植物鉴赏活动中,基本能做到遵守纪律。在活动中,小组成员在教师或组长的引导下能相互配合,相互帮助,按时完成任务。在分享交流中,个别小组成员能正视本小组所存在的问题,解决方案比较模糊
水平 1 须努力表现	学生在活动中不能理解课程内容,对本课程完全不感兴趣,不能按时完成小组任务单填写,团结协作性较差。在活动中,大多数学生没能遵守纪律,有的还破坏植物。在整个活动过程中,小组成员意见相悖,没能相互配合,相互帮助,无法按时完成任务。在分享交流中,小组成员不能正视本小组所存在的问题,态度消极怠慢

(二) 教学反思

(1) 采取多种形式,培养学习兴趣。

(2) 在教学中要加强与学生的互动。

(3) 在教学中可以创设问题情境,激发学生的求知欲望。

(4) 今后可开展小组比拼活动,提高学生的学习热情。

五、相关链接：地球村植物

1. 银杏

银杏(Ginkgo biloba L.，见图 5-4)是银杏科、银杏属乔木，高可达 40 米，胸径可达 4 米。树皮呈灰褐色，深纵裂，粗糙。叶扇形，有长柄，淡绿色，无毛，叶脉叉状并列，顶端宽 5～8 厘米，在短枝上常具波状缺刻，基部为宽楔形。球花雌雄异株，单性，生于短枝顶端的鳞片状叶的腋内，呈簇生状；雄球花葇荑花序状，下垂。种子具长梗，下垂，常为椭圆形、长倒卵形、卵圆形或近圆球形状。

银杏为中生代孑遗植物，是古代银杏类植物在地球上存活的唯一品种，最早出现于 3.45 亿年前的石炭纪，因此被看作"世界第一活化石""植物界的大熊猫"。200 多万年前，第四纪冰川运动后，地球突然变冷，绝大多数银杏类植物在世界其他地区绝种，只有在中国的生存下来。所以，现如今世界各地的银杏都是直接或间接地从中国传入的。银杏不仅被引种到邻近的日本和朝鲜半岛，也漂洋过海在欧洲、美洲安家，多生于海拔 500～1 000 米、酸性(pH 值 5～5.5)黄壤、排水良好地带的天然林中。

图 5-4 银 杏

银杏为速生珍贵的用材树种，为优良木材，供建筑、家具、室内装饰、雕刻、绘图等用。种子供食用(多食易中毒)及药用。叶可作药用和制杀虫剂，亦可作肥料。种子的肉质外种皮含白果酸、白果醇及白果酚，有毒，树皮含单宁。银杏树形优美，春夏季叶色嫩绿，秋季变成黄色，颇为美观，可作庭园树及行道树。

2. 南天竹

南天竹(Nandina domestica Thunb.，见图 5-5)，小檗科南天竹属常绿灌木，茎干较高，表面光滑无毛，呈红色；叶较小，叶片薄，呈椭圆形且为深绿色，无毛；花朵较小，白色带有芳香，呈四角形；果柄短且果实呈球形，橙红色；种子扁圆形。花期 5 至 7 月，果期 9 至 11 月。

南天竹原产于中国，分布于中国长江流域及陕西、河南、四川等省，日本、印度也有种植，多生长在山谷或山坡和灌木林下。性喜温暖多湿及通风良好的半阴环境，较耐寒，要求肥沃、排水良好的沙质土壤，对水分要求不甚严格，既能耐湿，也能耐旱。

《中华本草》记载,南天竹的根、叶具有强筋活络、消炎解毒之效,果实为镇咳药,但过量有中毒的危险,误食南天竹果实还有可能致命。南天竹被广泛作为观赏植物,其果实为亮红色,常见于公园和庭院。在冬季,其部分叶子可变成橙红色或浅紫红色。宋代诗人杨巽斋写道:"花发朱明雨后天,结成红颗更轻圆。人间热恼谁医得,只要清香净业缘。"说南天竹的馨香味可解除他无尽的烦恼,表现了南天竹沁人心脾的特性。

图 5-5　南天竹

3. 火棘

火棘[Pyracantha fortuneana (Maxim.) H. L. Li,见图 5-6]是蔷薇科火棘属常绿灌木,老枝呈暗褐色;叶片呈倒卵形,边缘有钝锯齿,齿尖向内弯,两面皆无毛;叶柄短,无毛或嫩时有柔毛;花序是复伞房状,花瓣呈白色近圆形;果球近圆形,颜色是橘红或深红色。其花期是 3 至 5 月,果期是 8 至 11 月。因其果实为红色,枝丫上有尖刺,故名火棘。

火棘分布于中国黄河以南及广大西南地区,产地在陕西、江苏、浙江等省。火棘喜强光,耐贫瘠,抗干旱,耐寒,对土壤要求不严,而以排水良好、湿润、疏松的中性或

图 5-6　火　棘

微酸性土壤为好。火棘的繁殖方法是点播法。

火棘盆景四季常绿,株型紧凑,枝叶繁茂,既可观叶观花,亦可观果,因而深受盆景爱好者的青睐。火棘也叫"救兵粮",相传古代土家族一支军队战败后弹尽粮绝,士兵只得吃树上的野果与追兵展开决战并取胜,为了感激野果的救难之恩,土家族人便把这种野果尊奉为"救兵粮"。火棘有较高的药用价值,能消积止痛、活血止血,用于消化不良、肠炎和痢疾,它的根还可以清热凉血,治疗肝炎。

4. 绣球

绣球(Hydrangea macrophylla Thunb.,见图 5-7),绣球科绣球属木本植物,其树冠为球形;小枝粗,无毛;叶为倒卵形或宽椭圆形,叶柄粗,无毛;花序为球形或头状,分枝粗,附着有柔毛;花密集,呈粉红色、淡蓝色或白色;果实为陀螺状;花期在 6 至 8 月。绣球原名"八仙花",人们见此花长得像绣球,又称之为"绣球花"。

绣球原产于中国、日本,现主要分布于我国福建、江西、广东、香港及云贵川等地区,在日本及朝鲜也有分布。其常生于海拔 1 700 米以下的山谷、溪边密林中或山顶疏林下,常栽培于屋旁、寺庙或庭园。绣球喜光,耐半阴,不耐寒,喜肥沃而排水良好、疏松的土壤,土壤酸碱度对其花色影响极大,在酸性土上花色为蓝色或蓝紫色,在

图 5-7 绣 球

碱性土上花色为红色或粉色。绣球的繁殖方式有分株、压条和扦插繁殖。

绣球花大色美,是长江流域观赏植物,在园林中可配置于稀疏的树荫下及林荫道旁,片植于荫向山坡、建筑物入口处,丛植于庭院一角,都很理想。如将整个花球剪下,瓶插室内,也是上等点缀品。将花球悬挂于床帐之内,更觉雅趣。《现代实用中药》记载,绣球的花瓣可入药,具有清热解毒、抗疟的功效,主治心热惊悸、烦躁、疟疾、喉炎、肾囊炎。

5. 棕榈

棕榈[Trachycarpus fortunei (Hook.) H. Wendl.,见图 5-8]是棕榈科棕榈属常绿乔木,其树干为圆柱形,叶片近圆形,叶柄具细圆齿;花小,为黄绿色,卵球形,组成分枝或不分枝的肉穗花序,花序大型多分枝;果实为阔肾形,有脐和白粉,成熟时由黄色变为淡蓝色;种子为胚乳角质;花期在 4 月,果期在 12 月。李时珍在《本草纲目》中对其释名棕榈,又称栟榈,因皮中毛缕如马之鬃鬣,故名。

在中国，棕榈主要分布在秦岭、长江流域以南。中国自先秦时期就有棕榈的记载了。棕榈有较强的耐阴性，通常栽培于路旁，罕见野生于疏林中；喜温暖湿润的气候，耐寒性较强；忌涝；喜疏松肥沃、排水良好的土壤，也可在微酸性及石灰性土壤中生长；繁殖方式为播种繁殖。

《日华子本草》中有记载，棕榈可"止鼻衄、吐血、破癥、止崩中、带下、肠风、赤白痢，入药烧灰用，不可绝过"。此外，棕榈树形优美，也是庭园绿化的优良树种。棕片可制成棕绳、蓑衣、棕垫、地毯、棕刷等棕榈制品，还可制成自然降解的包装材料等。棕苞具有高纤维、高钾和低脂肪、高热量的营养优点，是天然的绿色食品。北宋文同《竹棕》有云，"凌犯雪霜持劲节，遮藏烟雨长轻筠"，赞誉了棕榈经霜不凋的节操美。

图 5-8 棕 榈

6. 八角金盘

八角金盘[Fatsia japonica (Thunb.) Decne. et Planch.，见图 5-9]是五加科八角金盘属常绿灌木或小乔木。植株较高且通常直立，很少出现分枝，其茎光滑，幼枝、叶表面有较为密集的绵状绒毛；叶大，近圆形，带有光亮；花为黄白色，开花后好似一把展开的小伞；果实为核果，类似于球形，淡绿色，成熟后变为暗绿色（接近黑色）；花

图 5-9 八角金盘

期为10至11月,果期为翌年4至5月。因其有8片金叶,故名八角金盘。其在中国南北方均有分布,北方主要以室内养殖为主,南方以露地养殖为主,稍耐阴,耐寒性不强,不耐干旱,主要繁殖方法为扦插、播种和分株繁殖。

八角金盘的根、叶、花和果均可入药,有活血化瘀、化痰止咳、散风祛湿、散瘀止痛等功效。同时它也是一种较好的观赏植物,四季常青,叶片硕大,叶子可以净化空气,尤其是对二氧化硫具有较强的抗性,多配植于庭院、门旁、窗边、墙隅及建筑物背阴处。八角金盘富有生命力,象征坚强。

7. 紫薇

紫薇(Lagerstroemia indica L.,见图5-10)是千屈菜科紫薇属的落叶小乔木或灌木植物,其树干高,树皮平滑,呈灰色或灰褐色;枝干多扭曲,小枝纤细,略呈翅状;叶为纸质,呈椭圆形、阔矩圆形或倒卵形;花为淡红色、紫色或白色,圆锥花序生于顶端;蒴果为椭圆状球形或阔圆形;种子有翅。紫薇花期在6至9月,果期在9至12月。

据《本草纲目》记载,紫薇的皮、木、花有活血通经、止痛、消肿、解毒等作用。紫薇花鲜艳美丽,花期长,寿命长,可作盆景,具有观赏价值。因紫薇有"官样花"之名,民间便有俗语:"门前种株紫薇花,家中富贵又荣华。"

图5-10 紫　薇

8. 侧柏

侧柏[Platycladus orientalis (L.) Franco,见图5-11]是柏科侧柏属乔木。其鳞叶交互对生,排成一平面,小枝扁平;孢子叶球单性同株,球果当年成熟,开裂,种子无翅。因古人认为万木皆向阳而生,唯独柏树树枝向西,五行之中西方属金,其色为白,故名"柏";又因柏树入药时,"取叶扁而侧生者",故名"侧柏"。

因其四季常青,树形美观,故有"百木之长"的美誉。侧柏树龄可长达数百年,因此也被看作"吉祥树"。《本草纲目》谓其主治头发不生,被作为生发乌发的良药,现代研究也表明,侧柏叶提取物可促进局部血液循环,增强毛囊代谢功能。此外侧柏叶还有化痰止咳的作用,但多食久服可致眩晕呕吐,对肾脏亦有损害。

图 5-11 侧　柏

9. 桂花

桂花(Osmanthus fragrans,见图 5-12)为木犀科木犀属常绿乔木或灌木,花梗较细弱,且花丝极短,花极芳香;果实歪斜,一般为椭圆形,呈紫黑色;叶对生革质,呈椭

图 5-12 桂　花

圆形、长椭圆形或椭圆状披针形,先端渐尖,基部渐狭呈楔形或宽楔形。通常花期在 9 至 10 月(四季桂可全年开花),果期在翌年 3 月。

桂花可用于治疗痰饮咳喘、脘腹冷痛、闭经痛经等。《国药的药理学》中记载了桂花除口臭的效用,《安徽中草药》和《浙江药用植物志》都记载了桂花主治胃寒腹痛,同时还具有治痰止咳的效用。除了药用价值外,桂花还可加工为桂花糕食用,桂花糕历史悠久,又称重阳糕,有诗句"中秋才过又重阳,又见花糕各处忙"。桂花树除了食疗价值外,还具有观赏价值,其树姿端正优雅,树冠为团状,线条柔和的树形给人安定平和之感。宋代谢懋有诗描写桂花:"绿云剪叶,低护黄金屑。"元代顾瑛则写道:"金粟霏霏下如雨。"

10. 月季花

月季花(Rosa chinensis Jacq.,见图 5-13)是蔷薇科属的常绿、半常绿低矮灌木。叶子为羽状复叶,表面深绿有光泽而叶背青白,且无毛面具有小托叶。花分单瓣和重瓣,重瓣色为深红且略似玫瑰。花色以红色为主,还有白、黄、粉红、玫瑰红等色。其果实为卵圆形或梨形,熟时为红色。自然花期在 4 至 9 月。月季花以一年四季不分春、夏、秋、冬皆能见花而得名,又以其每月近乎开花一次而得名"月月红""长春花"。

月季花在中国主要分布于湖北、四川和甘肃等省的山区。月季花适应性强,耐寒,耐旱,对土壤要求不严格,但以富含有机质、排水良好的微带酸性沙壤土最好。喜欢阳光充足、温暖湿润的气候,一般 22~25℃为月季花生长的最适宜温度。月季花可通过播种与扦插进行栽培繁殖。

图 5-13 月季花

月季花的药用价值最早载于李时珍的《本草纲目》,其中提到月季花具有活血、消肿、解毒的功效,由于其活血化瘀之功尤佳,故为妇科良药。

11. 花叶青木

花叶青木(Aucuba japonica var. variegata Dombrain,见图5-14)是山茱萸科桃叶珊瑚属青木的变种,别名洒金珊瑚。为常绿灌木,植株高可达1.5米,小枝对生。叶为革质,叶片呈卵状椭圆形或长圆状椭圆形,叶面光亮,具黄色斑纹,叶柄腹部具沟,无毛。圆锥花序顶生;雌花序为短圆锥花序;花瓣呈紫红色或暗紫色,雄花花萼为杯状,雌花子房疏被柔毛,柱头偏斜;浆果呈长卵圆形,成熟时呈暗紫色或黑色。

图5-14 花叶青木

12. 夹竹桃

夹竹桃(Nerium oleander L.,见图5-15),夹竹桃科夹竹桃属常绿直立大灌木。枝条为灰绿色,含水液;叶面深绿,无毛,叶背呈浅绿色,有坑洼的小点;最中央的花最先开放,着花数朵,雄蕊的下部短,被长柔毛;种子呈长圆形,底部较窄,顶端钝,呈褐色。夹竹桃花期为4至10月。因其花似桃、叶似竹,故得名夹竹桃。

夹竹桃原产于印度、伊朗和尼泊尔等地,唐代时传入中国,现广植于世界热带地区。夹竹桃喜温暖湿润的气候,耐寒力不强,不耐湿,适合在干燥和排水良好的地方栽植,喜光好肥,也能适应较阴的环境,但庇荫处栽植花少色淡。夹竹桃主要通过播种、压条、水插和扦插等方式进行繁殖。

夹竹桃主要用于观赏、环保,被称为"环保卫士"。夹竹桃的花冠呈粉红、深红或白色,并且自带香气,是观赏花卉;夹竹桃的叶片也具有抗烟雾、抗灰尘、抗毒物的能力。夹竹桃具有治疗心力衰竭、癫痫、利尿、止痛和消毒等功能,例如清朝赵学敏所作

图 5-15 夹竹桃

的《本草纲目拾遗》中记载,夹竹桃叶"镇痛,祛瘀。治跌打损伤肿痛"。但夹竹桃毒性极强,人、畜误食能致死。季羡林先生曾评价夹竹桃,"它把影子投到墙上,叶影参差,花影迷离,可以引起我许多幻想"。

13. 茶梅

茶梅(Camellia sasanqua Thunb., 见图 5-16)是山茶科山茶属的小乔木。分枝稀疏,嫩枝有毛;叶革质,椭圆形;花大小不一,花苞及萼片被柔毛,花瓣为倒卵形,红色;蒴果为球形,种子褐色,无毛;花期为 11 月至次年 3 月。因其花型兼具了梅花和茶花的特点,故名茶梅。

图 5-16 茶 梅

茶梅原产于日本,在中国长江流域广泛栽培。茶梅性喜温暖湿润,喜光而稍耐阴,忌强光,属半阴性植物,宜生长在排水良好、富含腐殖质、湿润的微酸性土壤中。茶梅的主要繁殖方式为扦插繁殖。

红色茶梅的花语是谦让、清雅,宋代刘仕亨《咏茶梅花》写的就是茶梅优雅的形象和超逸的气韵。茶梅树形优美、花叶茂盛,可用于庭院和草坪中孤植和对植。茶梅是具有较好观赏价值的盆栽,可放于书房、会场、厅堂、门边等地,达到美化环境的目的。

14. 龙爪槐

龙爪槐(Styphnolobium japonicum 'Pendula',见图 5-17)为乔木,高达 25 米,树皮为灰褐色,具纵裂纹。枝为绿色,无毛。龙爪槐是国槐的芽变品种,落叶乔木,喜光,稍耐阴,能适应干冷气候。树冠优美,花芳香,是行道树和优良的蜜源植物;花和荚果入药,有清凉收敛、止血降压作用;叶和根皮有清热解毒作用,可治疗疮毒;木材供建筑用。其本种由于生境不同,或由于人工选育结果,形态多变,产生许多变种和变型。

图 5-17 龙爪槐

15. 二球悬铃木

二球悬铃木[Platanus xacerifolia(Aiton) Willd.,见图 5-18]是悬铃木科悬铃木属的落叶大乔木,其株高达 35 米。树皮光滑,呈片状脱落;幼枝覆盖有浓密灰黄色星状绒毛,老枝无毛,呈红褐色;叶呈宽卵形,基部为平截或微心形;花序为球形,通常两个生在一串上;花为单性,雌雄同株,萼片小,花瓣较大,呈匙形,花期在 4 至 5 月;果为聚花果,果期在 9 至 10 月。

二球悬铃木树形叶大荫浓，干皮光滑，适应性强，多用作行道树和庭园树，被誉为"行道树之王"。其所含的部分成分具有一定的生理活性，可用于医疗及增强免疫能力。二球悬铃木的鲜叶可作食用菌培养基、肥料，也可作供牲畜食用的粗饲料，枯叶可作治虫烟雾剂的供热剂原料。二球悬铃木每年春夏季节形成大量的花粉，同时上年的球果开裂会产生大量的果毛，容易进入人们的呼吸道，使部分人群发生过敏反应，引发诸多病症。

图 5-18　二球悬铃木

历史记载，早在17世纪，古罗马人随着征战，将三球悬铃木传播到欧洲各地，当时西班牙人将三球悬铃木和来自美洲的一球悬铃木种植在相近的地方，偶然杂交出二球悬铃木。19世纪二球悬铃木作为园林绿化植物在伦敦开始流行，因此在英语中被称为"伦敦悬铃木"（London plane tree），也称英国梧桐。此后引种到法国和欧洲大陆其他地区，成为包括纽约、巴黎、上海等城市林荫道的主要树种之一。1902年起，法国人开始在上海淮海路上种植二球悬铃木。上海人看到这种树是法国人种的，树叶的形状与梧桐相似，就称之为法国梧桐。上海是当时中国最时尚的地方，因此其他城市纷纷效仿上海，引种大量"洋气"的法国梧桐。

第四节　地球村环保之路

一、教学目标

（1）通过活动让学生观察了解地球村不同类型的标识，了解这些标识所代表的含义,让学生认识和理解设置环保标识的意义。

(2) 通过活动培养学生善于观察、不懂就问的习惯,增强学生的环保意识,培养学生的动手能力。

(3) 学生通过实践活动掌握环保标志的设计方法,学会设计环保标识。

二、教学分析

(一) 教育资源分析

地球村由 27 栋风格迥异的世界各国建筑组成。走进地球村,就像走进一本"世界建筑词典",在这里可以领略到世界各国建筑的韵味。地球村的植物资源丰富,拥有百余种花草树木。针对地球村丰富的植物资源和建筑资源去设计环保标识,设计环保之路,可以更好地普及生态环保知识,培养学生的生态环保意识。

(二) 学情分析

本课程面向的对象是青少年,巧妙利用了该阶段学生抽象思维与逻辑推理能力强、自主学习意愿高的特点,通过与日常生活紧密相连的教学内容,有效唤醒了学生对环境保护的兴趣。课程不仅促进了学生对自然环境的直观理解与尊重,还借助富有趣味性和互动性的教学方式,极大提升了学生的学习动力及效果。更重要的是,课程侧重培养学生的观察、思考及创新能力,帮助学生树立正面的生态价值观,为培养其成为有责任感的未来公民奠定基石。本课程是引导青少年深入了解并践行环保理念的有效途径。

三、教学过程

(一) 准备阶段

(1) 制作东方绿舟地球村标识图册。
(2) 制作环保标识知识学习 PPT。
(3) 准备彩绘笔、A4 白纸、硬纸板。

(二) 总讲阶段

1. **学生分组**

教师将班级学生分组,每 10 名学生为一组,各组选举或指定一名组长。

2. **活动流程**

(1) 给每个小组分发地球村标识图册。

（2）教师在未来广场为学生讲解地球村现有标识，播放环保标识知识学习PPT。

（3）学生以小组为单位出发，按照地球村标识图册前往地球村不同区域寻找生态标识。

3. **安全注意事项**

同学们在地球村寻找标识时，应该听从教师安排进行活动，不能随意攀爬建筑、雕塑。严禁私自离开地球村区域或做任何与课程无关的事情。严禁随意穿行地球村小河，活动过程中禁止嬉笑打闹。

(三) 总结阶段

（1）各组集合，在未来广场草坪坐下。

（2）教师向学生公布任务完成情况。

（3）教师引导学生讨论活动情况。

（4）进行课外知识延伸，讨论地球村有哪些地方缺少必要的环保标识，可以在地球村哪些地方增设什么样的环保标识，让地球村能处处提醒人们注意生态保护。例：在树木间悬挂树木保护标识，在草坪上摆放爱护草坪标识。

(四) 设计环保之路

为每个小组发放四套彩绘笔和一定数量的A4白纸与硬纸板。让学生们联想本单元所学习的地球村建筑知识、植物知识以及生态标识知识，为地球村设计一条环保之路（从中国公寓至白鲸屋的道路）。学生自己设计的环保之路要有具体的生态标识图标，对生态标识要有具体定义。

(五) 师生点评分享

让学生互相观摩作品，相互点评，最后在每个组选取一幅优秀作品，由作者分享创作思路及寓意，最后由教师进行点评。

四、教学评价及反思

(一) 教学评价

1. **评价内容**

（1）学生能否遵守教师讲的活动规则与要求。

（2）学生能否在规定的时间内顺利地完成活动任务。

（3）学生参加活动是否有积极性，能否主动参与活动。

（4）小组评价：将完成任务单的小组评为优秀小组。

2. 评价量表

表 5-5 "地球村环保之路"课程评价量表

水平 4 优越表现	学生在活动中能完全理解课程内容,快速出色地完成环保之路的设计,受到教师好评,在实地寻找生态标识的过程中能体现积极探索、团结协作的精神。在活动中,全程遵守纪律。在整个活动过程中,小组成员分工明确,相互配合,相互帮助,成员之间相处融洽,行动统一。在分享交流中,小组成员都能客观地正视本小组所存在的问题,并有明确的解决方案
水平 3 良好表现	学生在活动中能理解大部分课程内容,能较好地完成环保之路的设计,能体现团结协作的精神。在实地寻找生态标识的过程中,全程纪律良好。在整个活动过程中,小组成员分工较明确,相互配合,相互帮助,完成任务表现良好。在分享交流中,小组成员大多能正视本小组所存在的问题,并有较明确的解决方案
水平 2 合格表现	学生在活动中能理解部分课程内容,能按时完成环保之路的设计,在教师的引导下能做到团结协作。在实地寻找生态标识的过程中,基本能做到遵守纪律。在活动中,小组成员在教师或组长的引导下能相互配合,相互帮助,按时完成任务。在分享交流中,个别小组成员能正视本小组所存在的问题,解决方案比较模糊
水平 1 须努力表现	学生在活动中不能理解课程内容,对本课程完全不感兴趣,不能按时完成环保之路设计,团结协作性较差。在活动中,大多数学生没能遵守纪律。在整个活动过程中,小组成员意见相悖,没能相互配合,相互帮助,无法按时完成任务。在分享交流中,小组成员不能正视本小组所存在的问题,态度消极怠慢

(二) 教学反思

(1) 采取多种形式,培养学习兴趣。

(2) 在教学中要加强与学生的互动。

(3) 在教学中可以创设问题情境,激发学生的求知欲望。

附:学习任务单样本

> **"地球村建筑之美"任务单**
>
> 第( )小组
>
> 一、**的建筑风格是( )
> 二、请讲述与**相关的故事
> 三、你觉得可以对地球村建筑进行怎样的改造,使其更加生态环保?

"地球村植物鉴赏"任务单

第（　　）小组

一、＊＊是（　　）科（　　）属

二、＊＊属于（　　）树木类型

1. 乔木　2. 灌木

三、＊＊的有毒部位是（　　）

四、今天介绍的行道树有哪几种，分别是什么？

第六章

"中国人的生态智慧"活动课程

第一节 "中国人的生态智慧"活动课程指导纲要

一、意义与背景

党的十八大以来,习近平总书记站在中华民族永续发展的高度,立足新时代生态文明建设实践,创造性提出一系列新理念新思想新战略,系统回答了建设什么样的生态文明、怎样建设生态文明等重大理论和实践问题,形成了习近平生态文明思想。全党全社会深入学习贯彻落实习近平生态文明思想,对人与自然和谐共生、绿水青山就是金山银山等理念的认识不断深入,节约资源、保护环境和绿色发展意识显著增强。我国构建了自然资源资产产权制度、国土空间开发保护制度、空间规划体系、资源总量管理和全面节约制度、资源有偿使用和生态补偿制度、环境治理体系、环境治理和生态保护市场体系、生态文明绩效评价考核和责任追究制度等一批重大制度,重构自然资源管理体制,完善生态环境管理体制,先后制定或修改30余部生态文明相关法律,生态文明制度框架体系总体形成。习近平总书记2023年7月在全国生态环境保护大会上的重要讲话,深刻阐述了我国生态文明建设的"四个重大转变",即由重点整治到系统治理的重大转变、由被动应对到主动作为的重大转变、由全球环境治理参与者到引领者的重大转变、由实践探索到科学理论指导的重大转变。[①]

二、课程的基本认识

(一)课程的教育目标

"中国人的生态智慧"课程,根据《中国学生发展核心素养》,以科学性、时代性

---

① 习近平.以美丽中国建设全面推进人与自然和谐共生的现代化[J].求是,2024(01).

和民族性为基本原则,以培养"全面发展的人"为核心主题思路。课程旨在深化学生对中华传统文化中人与自然和谐共生智慧的理解,并结合现代生态学与环境保护知识,培养学生的生态保护意识和可持续发展理念。课程目标包括让学生培养对中国生态智慧的认同和传承,提升科学素养以解决环境问题,树立生态道德观念并实践绿色生活,加强团队合作,具备国际视野,全面发展成为具有社会责任的现代公民。

表6-1 "中国人的生态智慧"课程目标

三个方面	基本素养	能力培养	具 体 要 求
文化基础	人文底蕴	了解诗词之美	在诗意绿舟课程中,通过活动让学生在绿舟寻找古诗中的场景,通过身处实境让学生更深刻地理解古诗所表达的含义
		提升审美情趣	在绿舟赏秋课程中,让学生了解植物特性,欣赏秋季不同植物的美感,在活动体验中提升审美情趣
	科学精神	学会研究学习	通过诗意绿舟课程,让学生在古诗场景中学习古诗,亲身体会诗人创作时的心境、情感,学会研究学习与换位思考
自主发展	学会学习	制作树叶画	在课程中通过活动培养学生善于观察、善于思考、不懂就问的习惯,提高学生的审美能力,培养学生的动手能力
	健康生活	善于发现美	通过活动让学生欣赏绿舟秋季不同的色彩,了解绿舟特有的秋季风光,深切感悟大自然的神奇之处
社会参与	责任担当	生态保护	通过活动让学生了解人与自然的关系及人对生态的影响,了解植物对于生态的影响。学生通过实践活动掌握生态保护知识,将其运用到以后的学习生活中
	实践创新	培养创新精神	通过诗景演绎、制作树叶画的活动,让学生开放思维,综合运用在课程中学习到的知识进行创作,进而培养学生的创新精神

(二) 课程的教育原则

"中国人的生态智慧"课程坚持直观教学原则,将中国传统文化中关于人与自然和谐共生的生态智慧与现代科学知识相融合。课程注重理论与实践的紧密结合,通过案例教学、实地考察、实验操作等方式,提高学生解决实际生态环境问题的能力。同时,知识学习与价值观培养相统一,培养学生的生态道德观念和社会责任感,促进其形成积极的环保态度和行为习惯。

此外,课程充分尊重学生的主体地位,鼓励自主学习、合作探究,同时教师提供必要的指导和帮助。采用多元化的评价方式,包括过程性评价和终结性评价,及时反馈学习情况,并根据评价结果不断调整和优化教学内容和方法。通过这些教学原则的贯彻实施,课程将更加有效地促进学生在知识、能力、情感、态度和价值观等方面的全面发展,培养具有社会责任的现代公民。

(三) 课程内容

"中国人的生态智慧"课程内容围绕绿舟丰富的生态资源展开,旨在培养学生对自然环境的深刻理解和生态保护意识。课程首先聚焦于绿舟的季节色彩、道路景观和植物资源,引导学生学习银杏、梅、竹、柳树、松树、樱花、桂花等植物的生物学知识,并配以相关的古诗词,让学生在欣赏自然美景的同时,领略古人的生态智慧。

在课程中实地考察绿舟的秋景植物,通过采集树叶并制作树叶画的艺术活动,让学生亲身体验自然之美,并将所学知识应用于创意制作中。学生将在老师的带领下,探究绿舟的植物、秋景道路,深入了解绿舟的生态环境,并通过自主设计生态文明创作品,主动学习和掌握生态环保知识。通过这样的课程设计,学生不仅能够在实践中增长知识,提高审美能力,还能够在潜移默化中培养生态道德观念和可持续发展理念,为成为具有社会责任感的现代公民打下坚实基础。

表6-2 "中国人的生态智慧"课程内容

课程名称	活动主题	活动主要内容
诗意绿舟 (1课时)	学习银杏、梅、竹、柳树、松树、樱花、桂花等植物的知识和相关古诗词 身处实境中,根据所学诗词了解古人的生态观察和生态智慧	1. 认识所学植物的特性知识,了解其相关历史故事 2. 学习这些植物相关古诗词,感受古人的精神面貌和思想追求 3. 在这些植物旁以小组为单位演绎诗词中的各种场景,身处实境,感受古人对于生态的认识,学习古人的生态智慧
绿舟赏秋 (1课时)	认识绿舟秋景植物,学习相关植物知识 采集树叶并制作树叶画	1. 观察了解绿舟特有的秋季风光,学习和认识身边常见的秋季景观植物 2. 通过实地探索,认识绿舟园区内的秋季颜色,利用采集的树叶,绘制自己表达秋色的作品

(四) 课程的教学方法

课程在组织模式上采取项目化学习方式,结合沉浸式任务驱动,强调自主、合作、体验、创新的教育理念。通过讲授植物知识、古诗词讨论,以及实地考察绿舟生态资源,使学生体验自然之美,培养生态保护意识。课程中的体验式学习、创新设计、实践操作等活动,不仅能提升学生的动手能力和创造力,还能激发他们的创新精神和团队合作意识。同时,课程注重对环境保护意识的培养,使学生树立可持续发展理念,为其成为具有社会责任感的现代公民奠定基础。

三、课程评价

本课程各种学习活动设计具体,充分注意学生学习习惯的培养,因材施教,调动学生自主学习的积极性,遵循常规但不拘泥,根据学生的差异和特点,从具体到抽象对教学内容进行处理。课程设计突出了以学生为本的理念,全面培养学生素养和自主探究的学习习惯。教师可以运用丰富的表扬手段,让学生在学习中感受到成功的快乐。在教学过程中可以运用新颖独特的教学方法,言简意赅,引导点拨学生。让学生动口、动手、动脑,主动参与教学过程,使学生做出的作品有美感,有灵魂。

第二节　诗意绿舟

一、教学目标

(1) 通过活动让学生在东方绿舟寻找古诗中的场景,通过身处实境让学生更深刻地理解古诗所表达的含义。

(2) 通过活动培养学生善于观察、不懂就问的习惯,增强学生对于新知识的探索欲,培养学生善于理解、乐于思考的能力。

(3) 学生通过实践活动学会欣赏美和演绎美。

二、教学分析

(一) 教育资源分析

东方绿舟大园区有 17 万平方米四季常青的草坪,11 万棵大树,500 余种花卉树木;拥有智慧大道、湖滨广场、渔人码头、求知岛、月亮湾、地球村、别墅酒店等精品景点和户外攀岩、趣桥世界、野营烧烤、水上运动、拓展训练、科学探索、素质测试等 190 余项青少年实践体验活动项目,是全国唯一的集拓展培训、青少年社会实践、团队活动以及休闲旅游为一体的国家 4A 级旅游景区。这里不仅是全国中小学生研学实践示范营地,还是国家生态环境科普基地。

(二) 学情分析

本课程面向的对象是六年级学生,这个阶段的学生逐渐具备了抽象思维和逻辑推理能力,能够更深入地理解和运用学习的知识。他们已经初步形成了一定的学习意识和学习习惯。能够主动参与学习活动,有较强的自主性和独立性,对于新事物有一定接受能力和理解能力。诗意绿舟课程从学生身边的环境出发,更能引起学生的好奇心和探索欲。本课程活动内容与活动形式便于理解、易于接受,活动富有趣味性,符合六年级学生的心理需求。

三、教学过程

(一) 准备阶段

(1) 准备与银杏、梅、竹、柳树、松树、樱花、桂花相关的古诗,并将其制作成卡片。

(2) 为课程中涉及的植物制作标识牌,将其插在植物旁边的土壤中。标识牌上要注明植物的科、属、种,以及历史故事。

(3) 打印诗意绿舟任务单。

(二) 总讲阶段

1. **学生分组**

教师带领学生来到银杏大道,将班级学生分组,每 10 名学生为一组。各组选举或指定一名组长。

2. **活动流程**

(1) 教师给每个小组分发任务单(各组任务单里的任务不同)。

(2) 教师为学生讲解本节课的学习任务。

3. **安全注意事项**

同学们应该听从教师安排进行活动,严禁私自离开队伍或做任何与课程无关的事情。在园区行进过程中,禁止打闹,禁止前往禁行区域,尤其不允许穿越水域。

4. **任务讲解**

教师带领学生从银杏大道开始进行讲解,首先,让学生观察银杏的植物特点;其次,讲解与银杏相关的植物知识及历史故事,提问学生是否知道与银杏相关的古诗词,教师对与银杏相关的古诗词进行讲解;最后,教师在银杏树下引导学生表演诗词中的某一个场景并说说诗句如何体现古人的生态观察。接着教师带领学生依次学习以下植物的知识:梅林中的梅,大竹林的竹子,龙舟码头的柳树,松树,樱花小道的樱花,桂花。学习与这些植物相关的古诗词及历史故事,并还原其中的诗词场景。

(三) 总结阶段

(1) 各组集合,在龙舟码头草坪坐下。

(2) 教师在学生集合时收回各小组任务单。
(3) 教师对各组任务单进行评阅。
(4) 教师向学生公布任务完成情况。

(四) 师生点评分享
(1) 教师点评今天的活动表现。
(2) 教师引导学生讨论活动情况,并在每个小组选取两到三名同学朗诵今天学习到的古诗词。

四、教学评价及反思

(一) 教学评价

1. 评价内容
(1) 学生能否遵守教师讲的活动规则与要求。
(2) 学生能否在规定的时间内顺利地完成活动任务。
(3) 学生参加活动是否有积极性,能否主动参与活动。
(4) 小组评价:将完成任务单的小组评为优秀小组。

2. 评价量表

表6-3 "诗意绿舟"课程评价量表

水平4 优越表现	学生在活动中能完全理解课程内容,快速准确地完成小组任务单填写,受到教师好评,能体现积极探索、团结协作的精神。学生在讲解诗词、还原诗词场景活动时,全程遵守纪律,不破坏植物。在整个活动过程中,小组成员分工明确,相互配合,相互帮助,成员之间相处融洽,行动统一。在分享交流中,小组成员都能客观地正视本小组所存在的问题,并有明确的解决方案
水平3 良好表现	学生在活动中能理解大部分课程内容,能较好地完成小组任务单填写,能体现团结协作精神。学生在讲解诗词、还原诗词场景活动中,全程纪律良好。在整个活动过程中,小组成员分工较明确,相互配合,相互帮助,完成任务表现良好。在分享交流中,小组成员大多能正视本小组所存在的问题,并有较明确的解决方案
水平2 合格表现	学生在活动中能理解部分课程内容,能按时完成小组任务单填写,在教师的引导下能做到团结协作。学生在讲解诗词、还原诗词场景的活动中,在教师或组长的管理下能做到遵守纪律。在活动中,小组成员在教师或组长的引导下能相互配合,相互帮助,按时完成任务。在分享交流中,个别小组成员能正视本小组所存在的问题,解决方案比较模糊
水平1 须努力表现	学生在活动中不能理解课程内容,对本课程完全不感兴趣,不能按时完成小组任务单填写,团结协作性较差。在活动中,大多数学生没能遵守纪律,有的还破坏植物。在整个活动过程中,小组成员意见相悖,没能相互配合,相互帮助,无法按时完成任务。在分享交流中,小组成员不能正视本小组所存在的问题,态度消极怠慢

(二) 教学反思
(1) 采取多种形式,培养学习兴趣。
(2) 今后可以加强与学生的互动。
(3) 教学中必须创设问题情境,激发学生的求知欲望。
(4) 适当开展竞赛,提高学生的学习热情。

五、相关链接:古诗意境中的花卉树木

1. 银杏

简介见本书第五章第三节。

浣溪沙·寄严荪友

〔清〕纳兰性德

藕荡桥边理钓筒,苎萝西去五湖东。笔床茶灶太从容。

况有短墙银杏雨,更兼高阁玉兰风。画眉闲了画芙蓉。

赠古泉上人

〔明〕刘熠

花深竹石迷过客,露冷莲塘问远公。尽日苔阶闲不扫,满园银杏落秋风。

草 堂

〔清〕钱载

山展茶瓢半有无,老梅寒菜未疏芜。十年梦寐先人墓,万里归来不肖躯。
北巷蟹行桥水缩,南邻银杏树霜枯。赐书赐帖凭开展,聪听如何勉令图。

珍 林

〔宋〕张镃

李枣栗银杏,橙梨柿木瓜。杨梅与金橘,不让满园花。

和圣俞李侯家鸭脚子(节选)

〔宋〕欧阳修

鸭脚生江南,名实未相浮。绛囊因入贡,银杏贵中州。

2. 梅

梅(Armeniaca mume),蔷薇科、李属木本植物。小乔木,稀灌木,高 4~10 米;树皮为浅灰色或带绿色,平滑;小枝为绿色,光滑无毛。叶片呈卵形或椭圆形,叶边常具小锐锯齿,为灰绿色。花单生或有时 2 朵同生于 1 芽内,直径 2~2.5 厘米,香味浓,先于叶开放;花萼通常为红褐色,但有些品种的花萼为绿色或绿紫色;花瓣呈

倒卵形,颜色为白色至粉红色。果实近球形,直径 2～3 厘米,颜色为黄色或绿白色,被柔毛,味酸;果肉与核粘贴;核呈椭圆形,两侧微扁。花期在冬春季,果期在 5 至 6 月。

梅主要生长在温带生物群落中,在中国已有三千多年的栽培历史。不但可以露地栽培供观赏,还可以栽为盆花,制作梅桩。其鲜花可提取香精,花、叶、根和种仁均可入药。其果实可食,盐渍、干制或熏制成乌梅入药,有止咳、止泻、生津、止渴之效。梅又能抗根线虫危害,可作为核果类果树的砧木。

梅花是中国十大名花之首,与兰花、竹子、菊花一起列为四君子,与松、竹并称为"岁寒三友"。在中国传统文化中,梅以它的高洁、坚强、谦虚的品格,给人以立志奋发的激励。在严寒中,梅开百花之先,独天下而春。梅花色白雅洁,在冬末春初开花,枝干苍古,植为盆景、庭木尤富观赏价值。

梅
〔宋〕王安石

墙角数枝梅,凌寒独自开。遥知不是雪,为有暗香来。

咏　梅
〔宋〕王安石

颇怪梅花不肯开,岂知有意待春来。灯前玉面披香出,雪后春容取胜回。触拨清诗成走笔,淋漓红袖趣传杯。望尘俗眼哪知此,只买夭桃艳杏栽。

梅花绝句
〔宋〕陆游

闻道梅花坼晓风,雪堆遍满四山中。何方可化身千亿,一树梅花一放翁。

卜算子·咏梅
〔宋〕陆游

驿外断桥边,寂寞开无主。已是黄昏独自愁,更着风和雨。

无意苦争春,一任群芳妒。零落成泥碾作尘,只有香如故。

3. 竹

竹(Bambusoideae)为禾本科、竹属的多年生草本植物,茎多为木质,也有草质,中间稍空,有节且多而密,正常高 5～10 米,有的甚至可达 40 多米;竹叶呈狭披针形,叶面为深绿色;竹子花像稻穗,主色为黄色;花期一般在 5 月,果期在 10 月。竹的名称来源于其古字,它的古字形像下垂的竹叶,后演变成如今的汉字竹。

竹原产地是中国,盛产于热带、亚热带和温带地区,在国内栽培广泛,主要产于四川、重庆、浙江、江苏等地。竹喜温暖湿润的气候,对水热条件要求较高,喜土质肥沃、排水良好、富含有机质和矿物元素的偏酸性土壤。

《本草纲目》中记载竹"竹叶(淡竹叶)气味辛、平、大寒、无毒"。竹主治心烦、尿赤、小便不利等病症。竹纤维具有良好的透气性、吸水性、耐磨性等特性,可以制作成各种家具或工艺品;竹笋、竹米、竹鞭均可食用或入药,有较高的经济价值。竹生长周期短,四季常青,也可以作为城市绿化植物。竹枝杆挺拔修长,四季青翠,傲雪凌霜,古代多用竹来形容正直、不屈的人物。竹在生长期间不畏严寒酷暑,不畏风霜雪欺,得到了人们的广泛喜爱。

竹里馆
〔唐〕王维

独坐幽篁里,弹琴复长啸。深林人不知,明月来相照。

竹　石
〔清〕郑燮

咬定青山不放松,立根原在破岩中。千磨万击还坚劲,任尔东西南北风。

北窗竹石
〔唐〕白居易

一片瑟瑟石,数竿青青竹。向我如有情,依然看不足。况临北窗下,复近西塘曲。筠风散馀清,苔雨含微绿。有妻亦衰老,无子方茕独。莫掩夜窗扉,共渠相伴宿。

4. 柳树

柳树(Salicaceae)是杨柳科柳属乔木植物。枝为圆柱形,髓心近圆形;无顶芽,侧芽通常紧贴枝上,芽鳞单一;叶互生,稀对生,通常狭而长,多为披针形,羽状脉,有锯齿或全缘,叶柄短,具托叶,多有锯齿;柔荑花序直立或斜展,苞片全缘,雌蕊由两个心皮组成;蒴果两瓣裂;种子小,多为暗褐色。花期为2至3月,果期为3至4月。柳树的名称源自古代的头木作业法,头木作业法会保留树干,以便持续利用枝干,"柳"字与"留"字读音相同,"柳树"由此得名。

柳树原产于中国,以中国黄河流域为栽培中心,在东北平原、黄土高原等均有栽培。柳树性喜温暖,适合种植于高温、湿润、向阳之地,生性强健,耐寒也耐热、耐旱,极耐潮湿。柳树的繁殖方式为扦插繁殖。

据《本草纲目现代释用手册》记载,柳枝、柳根、柳皮、柳叶、柳花、柳籽均可入药,有祛风、止痛、利尿、消肿等功效。观柳树知天气,在阴雨天前,柳叶的叶片会反转过来,反面的淡绿色和正面的绿色相比,就有发白的感觉,因此在民间流传着"柳树叶儿发白,天将阴雨"的说法。旧时,柳树一直为文人所青睐,因"柳"和"留"谐音,所以古人常以"柳"赠友,以表达依依惜别之情。

咏　柳

〔唐〕贺知章

碧玉妆成一树高,万条垂下绿丝绦。不知细叶谁裁出,二月春风似剪刀。

早春呈水部张十八员外(其一)

〔唐〕韩愈

天街小雨润如酥,草色遥看近却无。最是一年春好处,绝胜烟柳满皇都。

送别诗

〔隋〕佚名

杨柳青青着地垂,杨花漫漫搅天飞。柳条折尽花飞尽,借问行人归不归?

淮上与友人别

〔唐〕郑谷

扬子江头杨柳春,杨花愁杀渡江人。数声风笛离亭晚,君向潇湘我向秦。

5. 松树

世界上的松树(Pinus)种类有八十余种,松树不仅种类多,而且分布广,如分布于华北、西北的油松、樟子松、黑松和赤松,华中的马尾松、黄山松、高山松,秦巴山区的巴山松,以及台湾松和北美短叶松,多数是我国荒山造林的主要树种。

松树为轮状分枝,节间长,小枝比较细弱,平直或略向下弯曲,针叶细长成束。其树冠看起来蓬松不紧凑,"松"字正是其树冠特征的形象描述。松树坚固,寿命十分长。

三针一束的三叶松有分布于秦岭、关山林区的白皮松、川滇地区的云南松、思茅松、华中华南引种的湿地松、火炬松等。四针一束的松树种类少,仅美国加利福尼亚州有分布。另外,卵果松、拉威逊松是四针或五针束的。五针一束的松树种类多,分布广,有东北的红松、西北西南几省的华山松,还有乔松、广东松、安徽五针松、大别山五针松、偃松、台湾果松等。绝大多数松树是高大乔木,最高可达75米,极少数为灌木状,如偃松和地盘松。松与梅、竹并称为"岁寒三友"。

青　松

〔现代〕陈毅

大雪压青松,青松挺且直。要知松高洁,待到雪化时。

赠从弟
〔东汉〕刘桢

亭亭山上松,瑟瑟谷中风。风声一何盛,松枝一何劲!
冰霜正惨凄,终岁常端正。岂不罹凝寒?松柏有本性。

书院二小松
〔唐〕李群玉

一双幽色出凡尘,数粒秋烟二尺鳞。从此静窗闻细韵,琴声长伴读书人。

岁 暮
〔南北朝〕谢灵运

殷忧不能寐,苦此夜难颓。明月照积雪,朔风劲且哀。运往无淹物,年逝觉已催。

赠王桂阳
〔南北朝〕吴均

松生数寸时,遂为草所没。未见笼云心,谁知负霜骨。
弱干可摧残,纤茎易陵忽。何当数千尺,为君覆明月。

6. 樱花

樱花(Prunus subg. Cerasus sp.)是蔷薇科李属樱亚属植物。樱花品种相当繁多,数目有 300 种以上,全世界共有野生樱花约 150 种,中国有 50 多种。樱花每枝 3 至 5 朵,呈伞状花序,花瓣先端缺刻,花色多为白色、粉红色。樱花可分单瓣和复瓣两类,单瓣类能结果,复瓣类多半不结果。樱花常于 3 月与叶同放或叶后开花,随季节变化。

樱花幽香艳丽,枝叶繁茂旺盛,是早春重要的观花树种,常用于园林观赏。可植于山坡、庭院、路边、建筑物前。盛开时花繁艳丽,极为壮观。樱花可大片栽植,造成"花海"景观;可三五成丛点缀于绿地形成锦团;也可孤植,形成万绿丛中一点红之画意;还可作小路行道树、绿篱或制作盆景。

樱花原产于北半球温带环喜马拉雅山地区。樱花在中国栽培观赏已久。据《广群芳谱》记载,晋朝时,宫廷中已有樱花树栽植,中晚唐时,樱花已成为重要的观赏花木,开始普遍作为歌咏对象出现在诗文中。

无 题
〔唐〕李商隐

樱花烂漫几多时?柳绿桃红两未知。劝君莫问芳菲节,故园风雨正凄其。

折枝花赠行
〔唐〕元稹
樱桃花下送君时,一寸春心逐折枝。别后相思最多处,千株万片绕林垂。

赠歌者
〔唐〕薛能
一字新声一颗珠,转喉疑是击珊瑚。听时坐部音中有,唱后樱花叶里无。
汉浦蔑闻虚解佩,临邛焉用枉当垆。谁人得向青楼宿,便是仙郎不是夫。

本事诗
〔近代〕苏曼殊
春雨楼头尺八箫,何时归看浙江潮?芒鞋破钵无人识,踏过樱花第几桥。

题山庵
〔宋〕王洋
桃花樱花红雨零,桑钱榆钱划色青。昌条脉脉暖烟路,膏壤辉辉寒食汀。

附:樱花的小故事

野生的樱花在数百万年前诞生于喜马拉雅,但现代栽培的观赏樱花,则是多年前在日本选育出来的。据日本权威著作《樱大鉴》记载,樱花原产于喜马拉雅山脉。经人工栽培后,逐步传入中国长江流域。秦汉时期,宫廷皇族就已种植樱花。汉唐时期,樱花已普遍栽种在私家花园中。至盛唐时期,从宫苑廊庑到民舍田间,随处可见绚烂绽放的樱花。当时万国来朝,日本深慕中华文化之璀璨,樱花随着建筑、服饰、茶道、剑道等一并被日本朝拜者带回了东瀛。

白居易诗云:"亦知官舍非吾宅,且掘山樱满院栽。上佐近来多五考,少应四度见花开。""小园新种红樱树,闲绕花枝便当游。"诗中清楚地说明诗人从山野掘回野生的山樱花植于庭院观赏。明代于若瀛的诗中提到樱花:"三月雨声细,樱花疑杏花。"唐代孟诜所著《食疗本草》中对樱的定义为:"此乃樱非桃也,虽非桃类,以其形肖桃,故曰樱桃。"对山樱的释名为:"此樱桃俗名李桃,前樱桃名樱非桃也。"

7. 桂花
简介见第五章第三节。

鸟鸣涧
〔唐〕王维
人闲桂花落,夜静春山空。月出惊山鸟,时鸣春涧中。

天竺寺八月十五夜桂子

〔唐〕皮日休

玉颗珊珊下月轮,殿前拾得露华新。至今不会天中事,应是嫦娥掷与人。

咏桂花

〔宋〕吕声之

独占三秋压众芳,何咏橘绿与橙黄。自从分下月中种,果若飘来天际香。
清影不嫌秋露白,新业偏带晚烟苍。高枝已折郄生手,万斛奇芬贮锦囊。

桂　花

〔元〕倪瓒

桂花留晚色,帘影淡秋光。靡靡风还落,菲菲夜未央。
玉绳低缺月,金鸭罢焚香。忽起故园想,泠然归梦长。

第三节　绿舟赏秋

一、教学目标

(1) 通过活动让学生欣赏绿舟秋季不同的色彩,观察了解绿舟特有的秋季风光,学习和认识身边常见的秋季景观植物。

(2) 通过活动培养学生善于观察、不懂就问的习惯,增强学生的户外安全意识,培养学生的动手能力。

(3) 学生通过实践活动学会发现美、欣赏美和创造美。

二、教学分析

(一) 教育资源分析

东方绿舟大园区有 17 万平方米四季常青的草坪,11 万棵大树,500 余种花卉树木;拥有智慧大道、湖滨广场、渔人码头、求知岛、月亮湾、地球村、别墅酒店等精品景点和户外攀岩、趣桥世界、野营烧烤、水上运动、拓展训练、科学探索、素质测试等 190 余项青少年实践体验活动项目,是全国唯一的集拓展培训、青少年社会实践、团队活动以及休闲旅游为一体的国家 4A 级旅游景区。这里不仅是全国中小学生研学实践示范营地,还是国家生态环境科普基地。

(二) 学情分析

本课程面向的对象是初中学生,这个阶段的学生具备成熟的抽象思维和逻辑推理能力,已初步建立起学习意识和习惯,表现出较高的自主学习能力和独立性,同时对新鲜事物充满好奇心和探索欲。课程内容紧密结合学生的日常生活,以观察、体验和互动的方式,让学生直观感受秋天的美,进而培养他们对自然的理解和尊重。课程的设计注重趣味性和互动性,旨在吸引学生积极参与,提高学习效果。课程可以培养学生的观察能力、思考能力和创新能力,帮助他们形成积极的生态价值观和环保意识。

三、教学过程

(一) 准备阶段

(1) 制作东方绿舟大园区秋季特色植物分布图,图上须标明路线及禁行区域。

(2) 对东方绿舟大园区秋季特色植物所在的区域进行编号,制作标识牌,将其插在秋季特色植物旁边土壤中。标识牌上注明植物的科、属、种,以及植物的观赏价值。

(3) 打印绿舟赏秋任务单和绿舟秋季特色植物照片。

(4) 准备硬质 A4 纸、胶水、双面胶。

(二) 总讲阶段

1. **学生分组**

教师带领学生来到龙舟码头草坪,将班级学生按 10 人一组分组。各组选举或指定一名组长。

2. **活动流程**

(1) 教师给每个小组分发任务单(各组任务单里的任务不同)。

(2) 教师为学生讲解本节课的学习任务,每个学生在活动中捡拾自己喜欢的叶片(回到大本营要制作树叶画)。

3. **安全注意事项**

同学们应该听从教师安排进行活动,严禁私自离开队伍或做任何与课程无关的事情。在园区行进过程中,禁止打闹,禁止前往禁行区域,尤其不允许穿越水域。制作树叶画时注意胶水的规范使用。

4. **任务讲解**

教师向学生展示活动中会看到的秋景照片和秋季特色植物照片。教师讲解以下植物的知识:银杏大道的银杏,枫杨路的红枫,古树大道的梧桐树,桂花大道的桂花和栾树,香樟东路的垂丝海棠。说明这些植物在秋季的观赏价值,让学生记录绿舟在秋季有几种自然的颜色。

(三) 总结阶段

(1) 各组集合,在龙舟码头草坪坐下。

(2) 教师在学生集合时收回各小组任务单。

(3) 教师对各组任务单进行评阅。

(4) 教师向学生公布任务完成情况。

(5) 教师引导学生讨论活动情况。

(四) 制作树叶画

每个小组分发两瓶胶水,一卷双面胶,一定数量的硬质 A4 纸。用双面胶和胶水将采集的树叶按照自己的设计粘在硬质 A4 纸上(注意要粘平一点,不要翘起来)。学生可以在上面涂写自己喜欢的内容。教师选取较为精美的作品并请创作的同学讲解创作灵感和创作意义。

(五) 师生点评分享

(1) 教师点评学生作品。

(2) 教师进行课外知识延伸,询问学生是否了解自己家附近常见的秋季植物,是否了解或观赏过祖国不同地域的秋季景色。

四、教学评价与反思

(一) 教学评价

1. 评价内容

(1) 学生能否遵守教师讲的活动规则与要求。

(2) 学生能否在规定的时间内顺利地完成活动任务。

(3) 学生参加活动是否有积极性,能否主动参与活动。

(4) 小组评价:将完成任务单的小组评为优秀小组。

2. 评价量表

表 6-4 "绿舟赏秋"课程评价量表

水平 4 优越表现	学生在活动中能完全理解课程内容,快速准确地完成小组任务单填写,受到教师好评,能体现积极探索、团结协作的精神。学生在寻找秋季特色植物活动中,全程遵守纪律,不破坏植物。在整个活动中,小组成员分工明确,相互配合,相互帮助,成员之间相处融洽,行动统一。在分享交流中,小组成员都能客观地正视本小组所存在的问题,并有明确的解决方案

(续表)

水平3 良好表现	学生在活动中能理解大部分课程内容,能较好地完成小组任务单填写,能体现团结协作精神。学生在寻找秋季特色植物活动中,全程纪律良好。在整个活动中,小组成员分工较明确,相互配合,相互帮助,完成任务表现良好。在分享交流中,小组成员大多能正视本小组所存在的问题,并有较明确的解决方案
水平2 合格表现	学生在活动中能理解部分课程内容,能按时完成小组任务单填写,在教师的引导下能做到团结协作。学生在寻找秋季特色植物活动中,在教师或组长的管理下能做到遵守纪律。在活动中,小组成员在教师或组长的引导下能相互配合,相互帮助,按时完成任务。在分享交流中,个别小组成员能正视本小组所存在的问题,解决方案比较模糊
水平1 须努力表现	学生在活动中不能理解课程内容,对本课程完全不感兴趣,不能按时完成小组任务单填写,团结协作性较差。在活动中,大多数学生没能遵守纪律,有的还随意破坏植物。在整个活动中,小组成员意见相悖,没能相互配合,相互帮助,无法按时完成任务。在分享交流中,小组成员不能正视本小组所存在的问题,态度消极怠慢

(二) 教学反思

(1) 采取多种形式,培养学习兴趣。

(2) 今后在教学中可以增设师生互动环节。

(3) 在教学中必须创设问题情境,激发学生的求知欲望。

(4) 适当开展竞赛,提高学生的学习热情。

附:学习任务单样本

```
            "诗意绿舟"任务单
                              第(    )小组
    一、**是(    )科(    )属
    二、**属于(    )树木类型
    1. 乔木   2. 灌木
    三、列举和**有关的诗词(至少一首)




```

"绿舟赏秋"任务单

第（　　）小组

一、＊＊是（　　）科（　　）属

二、＊＊属于（　　）树木类型

1. 乔木　2. 灌木

三、在秋季＊＊的叶子是（　　）色

四、今天介绍的绿舟特色秋季植物有哪几种，分别是什么？

第七章

"同住地球村"活动课程

第一节 "同住地球村"活动课程指导纲要

一、意义与背景

东方绿舟的地球村是一个非常有特色的地方,它展示了世界各地的不同建筑风格和文化。在地球村内,我们可以观赏到 27 幢有着异国风情的世界各式民居建筑,其中有中国公寓、泰国公寓、希腊公寓;有美国木屋、英国木屋和瑞士木屋;还有卡通世界的大象屋、白鲸屋、蘑菇亭;等等。这些建筑展示了不同国家的文化和特色,为游客提供了一个了解世界各地文化的窗口。

地球村也是东方绿舟里学生的生活区域,可供 3 000 人同时入住。参加活动的学生住在这里,可以领略世界各国建筑的韵味。这里是温馨的家园,也是展现当代青少年"自理、自立、自强"风貌的大舞台,来此参加活动的学生通过吃、住、行的锻炼,树立"自主、体验、协作、创新"的精神。

27 幢世界各国民居的建筑外形充分反映了各个建筑所对应的国家建筑特色和文化。各国建筑群聚集在一起,组成绿舟地球村,是绿舟多元文化的集中呈现。

作为学生集中住宿生活区,地球村是学生在绿舟活动期间待的时间最多的地方,也是他们最熟悉的环境。在这个环境中设计开展系列活动课程,有利于将教学融入孩子们的生活。

21 世纪以来,全球化进程日益加速,信息技术飞速发展,世界各地的联系变得越来越紧密。在这个背景下,中小学生的教育也面临着前所未有的机遇和挑战。传统的知识传授方式已经不能满足当下社会的需求,我们需要关注学生的全面发展,培养他们的核心素养,使他们能够更好地适应未来的社会,有所创新和贡献。

培养学生的核心素养已经成为全球教育界的共识。核心素养不仅包括传统的知识、技能,更包括学生的态度、价值观、情感、人际交往、自主学习等方面的能力。它要求学生具备批判性思维、创新精神、团队合作能力、跨文化交流能力等,这些往往都是传统教育忽视的部分。

为了培养中小学生的核心素养,我们需要为他们提供更加丰富、多元的学习体验。而东方绿舟的地球村正好为这样的需求提供了一个理想的场所。东方绿舟地球村集合了世界各地的建筑风格和文化元素,它不仅仅是一个观光景点,更是一个多元文化交汇的平台。学生在这里可以直观地感受到不同文化的碰撞与融合,可以体验到不同国家的风情和历史。

利用东方绿舟地球村作为学生活动的场所,开展系列学生活动,具有深远的意义。

对多元文化的理解与尊重:通过参观地球村内的各个建筑,学生可以了解不同国家的文化和历史背景。这种直观的文化体验有助于学生形成对多元文化的理解和尊重,培养他们的跨文化交流能力。在全球化日益深入的今天,这种能力对于每一个学生来说都是必不可少的。

自主学习能力的培养:在地球村中,学生可以参与到各种实践活动中,如寻宝游戏、建筑模型制作等。这些活动需要学生主动探索、发现问题并解决问题,从而培养他们的自主学习能力和独立思考能力。同时,这种学习方式也有助于学生养成持续学习的习惯,为他们的终身学习打下基础。

社会责任感的提升:通过参与环保教育活动和团队协作活动,学生可以了解社会问题和责任,提升社会责任感和公民意识。例如,在环保教育活动中,学生可以了解到保护环境的重要性,从而形成保护环境的意识;在团队协作活动中,学生可以体验到团队合作的力量,从而培养团队合作精神和领导能力。

创新精神的激发:地球村为学生提供了一个自由发挥的空间。在这里,学生可以发挥自己的想象力和创造力,进行各种艺术创作和实践活动。这将有助于培养学生的创新思维和创新能力,为他们未来的创新活动打下坚实的基础。

全面发展的实现:通过参与多样化的活动,学生可以实现全面发展。这种全面发展不仅仅包括知识和技能的提升,更包括学生的态度、价值观、情感等方面的成长。这将有助于学生更好地适应未来社会的需求和发展趋势。

综上所述,利用东方绿舟地球村作为学生活动的场所开展系列学生活动,对于提高学生的核心素养具有重要意义。它将有助于培养学生的文化素养、自主学习能力、社会责任感、创新精神,促进学生的全面发展,为他们的未来成长和发展奠定坚实的基础。同时这也符合当前教育改革的趋势和社会发展的需求,是值得我们深入探索和实践的教育模式。

二、课程的基本认识

（一）课程的教育目标

表 7-1 "同住地球村"课程目标

三个方面	基本素养	能力培养	具 体 要 求
文化基础	人文底蕴	文化积淀	通过基于地球村资源开展的系列活动，使学生在人文领域具备深厚的文化底蕴，形成良好的人文素养，为未来的发展奠定坚实的基础 理解和掌握人文领域的基本知识、关键概念、重要观点、基本方法等，锻炼对人文思想、理论、观点的辨析和批判性思考的能力
		人文情怀	树立以人为本的意识，尊重人的价值和尊严，关注人的需求和福祉，对国家和民族的优秀文化有认同，有对人类共同的命运和未来进行思考和探索的愿望
		审美情趣	理解和尊重文化艺术的多样性，提升审美素养，在生活中拓展和升华艺术体验，提高生活品位
	科学精神	理性思维	通过基于地球村资源开展的系列活动，帮助学生在科学领域具备创新精神和实践能力，形成良好的科学素养，为未来的科技发展和创新做出贡献 培养学生崇尚真知、追求真理的科学精神，让学生树立实证意识和严谨的求知态度，运用科学的思维方式认识事物、解决问题、指导行为
		批判质疑	培养问题意识和独立思考的能力，运用科学的方法对不同观点和结论进行质疑和批判，不盲从权威，不迷信书本，不盲目求证
		勇于探究	培养探索未知、追求真理的勇气和毅力，积极面对科学探究过程中的困难和挑战，不断探索、实践、创新，推动科学的发展
自主发展	学会学习	乐学善学	通过基于地球村资源开展的系列活动，帮助学生在学习过程中养成良好的学习态度和方法，提高自主学习能力 培养学生保持对学习的兴趣和热情，让学生主动学习，善于学习，掌握科学的学习方法，养成良好的学习习惯，提高学习效率
		勤于反思	让学生在学习过程中不断反思自己的学习方法和策略，及时调整和改进，提高自我认知和自我监控能力
		信息意识	锻炼学生的信息获取、筛选、分析和利用的能力，让学生学会运用信息技术解决学习和生活中的问题，提高信息素养
	健康生活	珍爱生命	通过基于地球村资源开展的系列活动，帮助学生形成健康的生活方式和积极的生活态度，为未来的生活和事业奠定坚实的基础 让学生了解生命的意义和价值，珍爱自己的生命，关注身心健康，养成积极的生活态度和健康的生活方式
		健全人格	培养学生积极向上的人格品质，包括自尊、自信、自律、自强等，让学生形成良好的道德品质和行为习惯
		自我管理	提高学生的自我管理能力，包括时间管理、情绪管理、压力管理等方面，使学生能够有效地应对生活中的挑战和困难

(续表)

三个方面	基本素养	能力培养	具 体 要 求
社会参与	责任担当	社会责任意识	通过基于地球村资源开展的系列活动,帮助学生形成良好的社会责任感和公民意识,为未来的社会发展和个人成长奠定坚实的基础 让学生了解个人在社会中的角色和责任,认识自己对社会的贡献和影响,积极履行公民义务,关心社会问题,关注公共利益
		团队合作能力	让学生学会与他人合作,与其他同学共同完成任务,发挥团队力量,培养协作精神,提高团队合作能力
		领导能力	培养学生的领导力和管理能力,让学生通过组织和指导团队或项目,提高解决问题的能力
	实践创新	创新思维	通过基于地球村资源开展的系列活动,帮助学生在实践中通过自主协作开展体验实践活动,发挥创新精神和创新能力,推动实践创新
		实践能力	
		创新技能	

(二)课程的教育原则

1. 情境化原则

将学习内容与实际情境相结合,让学生在模拟或真实的情境中学习和体验。这种教学方式可以帮助学生更好地理解和应用所学知识,提高他们的学习兴趣和参与度。

2. 多元化原则

提供多元化的学习内容,包括文化、艺术、科学、技术等各个方面。这种教学方式可以拓宽学生的视野,培养他们的跨学科思维和综合素质。

3. 探究性原则

鼓励学生进行探究性学习,通过提出问题、搜集资料、实验验证等方式,培养他们独立思考和解决问题的能力。这种教学方式有助于培养学生的自主学习和终身学习能力。

4. 合作性原则

鼓励学生之间进行合作与交流,通过小组合作、团队活动等方式,培养他们的合作精神和团队意识。这种教学方式有助于提高学生的沟通能力和人际交往能力。

5. 个性化原则

尊重学生的个性差异,提供个性化的学习体验和机会,让每个学生都能在课程中找到自己的兴趣和发展方向。这种教学方式有助于学生的自我发展和特长发挥。

6. 整合性原则

注重跨学科的整合,将不同领域的知识和技能融合在一起,形成综合性的学习体验。这种教学方式有助于提高学生的综合实践能力和创新思维。

（三）课程内容

表 7-2 "同住地球村"课程内容

课程名称	活动主题	活动主要内容
走进地球村	了解地球村的生活与文化	了解地球村基本设施：学生将参观地球村内的各个设施和公寓，了解其功能和特点 了解我住的公寓：学生将对自己所居住的公寓进行深入了解，包括公寓的结构、设施和特色 了解我住的公寓所代表的国家文化：学生将研究自己居住的公寓所代表的国家的文化，包括其历史、传统、艺术等 了解其他国家文化：学生将参观其他公寓，并了解其所代表的国家的文化，与自己国家的文化进行对比 地球村广播站：学生可以参与地球村的广播站，了解广播的运作方式，并尝试进行简单的播音 我爱我家环保教育：学生将接受环保教育，了解环保的重要性，并做出一些环保行动
我眼中的地球村四季	欣赏和记录地球村的四季变化	拍照摄影：学生将使用拍摄装备记录地球村四季的美丽景色，学习摄影技巧 拍摄 Vlog 小视频：学生将拍摄关于地球村四季变化的 Vlog 视频，记录自己的感受和经历 写生：学生将使用画笔和颜料，在画纸上描绘地球村的四季景色，培养艺术感知能力
地球村寻宝	寻找地球村的隐藏宝藏	在地球村区域内进行定向寻宝：学生将参与定向寻宝游戏，通过地图和指南针寻找隐藏的宝藏 无线电测向：学生将使用无线电测向设备，寻找并确定隐藏电台的位置
地球村雕塑之美	欣赏和研究地球村的雕塑艺术	欣赏地球村内的雕塑艺术品：学生将参观地球村内的各种雕塑艺术品，了解其创作背景、艺术风格和象征意义 研究雕塑艺术品的制作过程：学生可以尝试了解雕塑的制作过程，包括材料选择、雕刻技巧等 创作自己的雕塑作品：学生可以根据自己的兴趣和创意，创作一件小型的雕塑作品
地球村音乐小舞台	展现自己的音乐才华，享受音乐的乐趣	音乐才艺展示：学生可以在地球村内搭建自己的"音乐小舞台"，展示自己的音乐才华，如唱歌、演奏乐器、舞蹈等 音乐创作与分享：学生可以创作自己的音乐作品，包括歌词、曲调等，并与其他同学分享和交流

（四）课程的教学方法

1. 实地考察法

（1）描述：实地考察法是一种非常直观且有效的教学方法。通过实地参观地球村的各个设施、公寓和雕塑艺术品，学生可以亲身体验和观察，增强对所学内容的直观感受。

(2)应用：在活动中，可以组织学生参观地球村的各个公寓，了解不同国家的文化背景和特色。还可以带领学生参观地球村的雕塑艺术品，让他们近距离欣赏和了解雕塑的艺术风格。

2. 小组合作法

(1)描述：小组合作法是一种鼓励学生进行团队合作的教学方法。通过分组，学生可以共同完成任务或项目，培养团队合作能力和沟通能力。

(2)应用：在所有课程中，都可以采用小组合作法。在"走进地球村"课程中，可以让学生分组研究不同公寓的文化背景；在"我眼中的地球村四季"课程中，可以让学生分组拍摄四季之美的照片或视频；在"地球村寻宝"课程中，可以让学生分组进行寻宝游戏等。

3. 案例分析法

(1)描述：案例分析法是一种通过引入实际案例来引导学生分析和讨论的教学方法。这种方法可以帮助学生将所学知识与实际情境相结合，提高他们的问题解决能力。

(2)应用：在"走进地球村"课程中，可以引入某个公寓的文化背景案例，让学生分析其特点和文化内涵；在"地球村寻宝"课程中，可以引入一个寻宝任务的案例，让学生分析完成任务的方法和策略。

4. 创作与展示法

(1)描述：创作与展示法鼓励学生使用各种艺术形式表达自己的观点和感受。通过创作和展示作品，学生可以提高自己的创造力和表现能力。

(2)应用：在"我眼中的地球村四季"中，可以让学生使用拍摄设备或画笔记录四季的美景；在"地球村音乐小舞台"课程中，可以让学生创作自己的音乐作品并进行展示。同时，可以将学生的作品进行展示，让其他同学欣赏和学习。

5. 讲座与工作坊法

(1)描述：讲座与工作坊法是一种提供专业知识和技能的教学方法。通过邀请专家、艺术家等嘉宾举办讲座，学生可以了解行业的最新动态和专业知识；通过工作坊，学生可以学习各种技能或技巧，并应用于实践中。

(2)应用：在所有课程中，都可以结合讲座与工作坊进行教学。例如，在"走进地球村"课程中，可以邀请文化专家举办讲座，介绍不同国家的文化背景；在"我眼中的地球村四季"课程中，可以开设摄影工作坊，教授学生摄影技巧；在"地球村音乐小舞台"课程中，可以开设音乐制作工作坊，教授学生音乐创作和制作技能。

6. 互动游戏法

(1)描述：互动游戏法是一种增加教学趣味性的教学方法。通过设计各种互动游戏，学生可以在游戏中学习和体验相关知识，增加学习的乐趣和参与度。

（2）应用：在所有课程中，都可以结合互动游戏进行教学。例如，在"走进地球村"课程中，可以设计文化知识问答游戏；在"地球村寻宝"课程中，可以设计寻宝游戏；在"地球村音乐小舞台"课程中，可以设计音乐猜词游戏等。通过互动游戏的方式，学生可以在轻松愉快的氛围中学习和掌握相关知识。

三、课程评价

"同住地球村"课程以综合实践活动为主，引导学生主动参与、学会合作、乐于探究、勤于思考、提高生存能力，关注学生在实践活动中的表现及获得的体验与感悟。采用多元化的评价方式，由学生自评、同学互评和教师评价三部分组成。每个评价主体都具有相同的权重，活动中的每一个参与者都能成为评价者，可以提升学生的积极性。新型的评价体制把学生的体能、知识与技能、学习态度、情意表现与合作精神纳入学习成绩评定的范围，并让学生自主参与活动评价过程，以体现学生学习的主体性，从而提高学生的学习兴趣。评价要求包括两个方面：把握过程性评价和结果性评价的平衡；明确量化评价与质性评价的定位。

第二节 走进地球村

一、教学目标

（1）学生能够了解地球村的基本设施和各公寓的基本信息。
（2）学生能够通过实践活动，提高观察和记录信息的能力。
（3）培养学生对地球村的好奇心和探索欲望，增强学生对多元文化的尊重和理解。

二、教学分析

（一）教学资源分析
实地资源：地球村内的基本设施和各个公寓。
人员资源：学生、教师及可能的导游或讲解员。

（二）学情分析
学生可能对地球村有一定的了解，但缺乏深入的实地体验。学生对于多元文化和探索未知的兴趣较高，但需要引导他们进行深入理解，尊重多元文化。学生具备一定的观察和记录信息的能力，但需要在活动中进一步锻炼和提高。

三、教学过程

(一) 实践活动安排

(1) 课程导入：教师简要介绍地球村和其代表的不同国家文化，激发学生的兴趣。

(2) 实地考察：学生进入地球村，观察并记录基本设施和其他公寓的特点和信息。

(3) 小组活动：学生分组，每组选择一个公寓进行深入了解，收集相关资料和信息。

(二) 交流总结

(1) 分享与交流：各小组回到教室，分享他们的发现和感受，其他小组可以进行提问和补充。

(2) 讨论与思考：引导学生讨论不同文化的特色和重要性、如何尊重和理解不同文化等话题。

(3) 总结与延伸：总结本课程的学习内容，强调跨文化交流的重要性。布置延伸任务，如与家人一起探讨家庭文化背景等。

四、教学评价与反思

(一) 教学评价

1. 评价内容

(1) 学生对地球村基本设施和各个公寓的了解程度。

(2) 学生的观察和记录信息的能力表现。

(3) 学生对多元文化的态度和意识。

2. 评价量表

表 7-3 "走进地球村"课程评价量表

水平 4 优越表现	学生在活动中能完全理解课程内容，快速出色地完成驱动任务学习，活动中受到教师好评，能体现积极探索、团结协作的精神。学生在走进"地球村"活动中，全程遵守纪律。在整个活动中，小组成员分工明确，相互配合，相互帮助，成员之间相处融洽，行动统一。在分享交流中，小组成员都能客观正视本小组所存在的问题，并有明确的解决方案
水平 3 良好表现	学生在活动中能理解大部分课程内容，较好地完成学习任务，能体现团结协作精神，配合完成教学任务。学生在活动时，全程纪律良好。在整个活动中，小组成员分工较明确，相互配合，相互帮助，完成任务表现良好。在分享交流中，小组成员大多能正视本小组所存在的问题，并有较明确的解决方案
水平 2 合格表现	学生在活动中能理解部分课程内容，能按时完成学习任务，在教师的引导下能做到团结协作。在活动中，小组成员在教师或组长的管理下能做到遵守纪律，相互帮助，按时完成任务。在分享交流中，个别小组成员能正视本小组所存在的问题，解决方案比较模糊

(续表)

水平1 须努力表现	学生在活动中不能理解课程内容,对本课程完全不感兴趣,不能按时完成学习任务,团结协作性较差。在活动中,大多数学生没能遵守纪律。在整个活动中,小组成员意见相悖,没能相互配合,相互帮助,无法按时完成任务。在分享交流中,小组成员不能正视本小组所存在的问题,态度消极怠慢

(二) 教学反思

(1) 课程是否有效地激发了学生的学习兴趣?

(2) 活动态度是否充分体现了对多元文化的尊重和理解?

(3) 在未来的教学中有什么内容需要进一步完善?

五、相关链接:地球村公寓

东方绿舟地球村的部分公寓如图7-1至图7-5所示。

1. 葡萄牙公寓

图7-1　葡萄牙公寓

2. 西班牙公寓

图7-2　西班牙公寓

3. 希腊公寓

图 7-3　希腊公寓

4. 土耳其公寓

图 7-4　土耳其公寓

5. 瑞士木屋

图 7-5　瑞士木屋

附：走进地球村探索体验

一、地球村建筑文化

（一）教学目标

（1）学生能够深入了解自己居住的公寓及其文化背景。

（2）学生能够通过实践活动，提高观察、分析和解决问题的能力。

（3）培养学生对自己居住的公寓的热爱和尊重，增强学生对多元文化的理解和认同。

（二）教学分析

1. 教学资源分析

实地资源：学生居住的公寓及其周边环境。

人员资源：学生、教师及公寓管理员或导游等。

2. 学情分析

学生可能对自己居住的公寓有一定的了解，但缺乏深入的了解和体验。

学生对于探索自己生活环境的兴趣较高，但需要引导他们进行深入观察和分析。

学生具备一定的观察和分析问题的能力，但需要在活动中进一步锻炼和提高。

（三）教学过程

1. 实践活动安排

（1）课程导入：教师简要介绍学生们居住的公寓及其文化背景，激发学生的兴趣。

（2）实地考察：学生进入自己居住的公寓，观察并记录公寓的特点和信息，如建筑风格、内部设施、文化元素等。

（3）小组活动：学生分组，每组选择一个公寓进行深入了解，收集相关资料和信息，并进行整理和分析。

2. 交流总结

（1）分享与交流：各小组回到教室，分享小组成员们的发现和感受，其他小组可以进行提问和补充。

（2）讨论与思考：引导学生讨论自己居住的公寓的文化特色和重要性、如何更好地理解和尊重自己的居住环境等话题。

（3）总结与延伸：总结本课程的学习内容，强调对多元文化的理解和认同的重要性。布置延伸任务，如与家人一起探讨家庭文化背景等。

（四）教学评价与反思

1. 教学评价

（1）学生对自己居住的公寓的了解程度。

(2) 学生观察、分析和解决问题的能力表现。

(3) 学生对多元文化的态度。

(4) 设计一次简单的知识测试,评估学生对自己居住的公寓的了解程度。

(5) 通过小组报告的方式,评估学生观察、分析和解决问题的能力。

(6) 通过问卷或访谈,了解学生对多元文化的态度变化。

2. 教学反思

(1) 课程是否有效地激发了学生的学习兴趣?

(2) 活动是否充分体现了对多元文化的尊重和理解?

(3) 是否需要在未来的教学中进一步完善和改进教学内容?

二、探索地球村建筑文化特色

(一) 教学目标

(1) 学生能够了解地球村不同公寓的文化特色和建筑风格。

(2) 学生能够通过实践活动,提高观察、分析和解决问题的能力。

(3) 培养学生对地球村文化特色的尊重和理解。

(二) 教学分析

1. 教学资源分析

实地资源:地球村内的各种公寓及其文化特色。

人员资源:学生、教师及可能的导游或讲解员。

2. 学情分析

学生可能对地球村的文化特色有一定的了解,但缺乏深入的体验和感受。

学生对于探索未知的文化特色和建筑风格的兴趣较高,但需要引导他们进行深入观察和分析。

学生具备一定的观察和分析问题的能力,但需要在活动中进一步锻炼和提高。

(三) 教学过程

1. 实践活动安排

(1) 课程导入:教师简要介绍地球村的文化特色和建筑风格,激发学生的兴趣。

(2) 实地考察:学生进入地球村,观察并记录不同公寓的文化特色和建筑风格,如装饰、壁画、雕塑等。

(3) 小组活动:学生分组,每组选择一个公寓进行深入了解,收集相关资料和信息,并进行整理和分析。

2. 交流总结

(1) 分享与交流:各小组回到教室,分享小组成员们的发现和感受,其他小组可以进行提问和补充。

(2) 讨论与思考：引导学生讨论不同公寓的文化特色和重要性、如何更好地理解和尊重不同的文化等话题。

(3) 总结与延伸：总结本课程的学习内容，强调跨文化交流的重要性。布置延伸任务，如与家人一起探讨家庭文化背景等。

(四) 教学评价与反思

1. 教学评价

(1) 学生对地球村不同公寓的文化特色和建筑风格的了解程度。

(2) 学生观察、分析和解决问题的能力表现。

(3) 学生对多元文化的态度。

(4) 设计一次简单的知识测试，评估学生对地球村不同公寓的文化特色和建筑风格的了解程度。

(5) 通过小组报告的方式，评估学生观察、分析和解决问题的能力。

(6) 通过问卷或访谈，了解学生对多元文化的态度变化。

2. 教学反思

(1) 课程是否有效地激发了学生的学习兴趣？

(2) 活动是否充分体现了对多元文化的尊重和理解？

(3) 是否需要在未来的教学中进一步完善和改进教学内容？

三、地球村多元文化的交融

(一) 教学目标

(1) 学生能够了解地球村的文化交流活动及其意义。

(2) 学生能够通过实践活动，提高跨文化交流的能力。

(3) 培养学生对多元文化的理解和尊重。

(二) 教学分析

1. 教学资源分析

实地资源：地球村内的文化交流活动场所和相关设施。

人员资源：学生、教师及可能的志愿者或文化交流活动组织者。

2. 学情分析

学生可能对跨文化交流有一定的了解，但缺乏实践经验。

学生对于参与文化交流活动的兴趣较高，但需要引导他们进行深入的参与。

学生具备一定的跨文化交流能力，但需要在活动中进一步锻炼和提高。

（三）教学过程

1. 实践活动安排

（1）课程导入：教师简要介绍地球村的文化交流活动及其意义，激发学生的兴趣。

（2）实地考察：学生进入地球村的文化交流活动场所，观察并记录文化交流活动的形式和内容。

（3）参与活动：学生选择一个感兴趣的文化交流活动，积极参与并体验其中的文化元素和交流方式。

2. 交流总结

（1）分享与交流：学生回到教室，分享他们的参与体验和感受，其他同学可以进行提问和补充。

（2）讨论与反思：引导学生讨论跨文化交流的重要性、如何更好地参与和推动文化交流等话题。

（3）总结与延伸：总结本课程的学习内容，强调跨文化交流的重要性。布置延伸任务，如与家人一起探讨家庭文化背景等。

（四）教学评价与反思

1. 教学评价

（1）学生对地球村文化交流活动的了解程度。

（2）学生的跨文化交流能力表现。

（3）学生对多元文化的态度。

（4）设计一次简单的知识测试，评估学生对地球村文化交流活动的了解程度。

（5）通过小组报告的方式，评估学生的跨文化交流能力。

（6）通过问卷或访谈，了解学生对多元文化的态度变化。

2. 教学反思

（1）课程是否有效地激发了学生的学习兴趣？

（2）在活动过程中是否充分体现了对多元文化的尊重和理解？

（3）是否需要在未来的教学中进一步完善教学内容？

四、地球村广播站

（一）教学目标

（1）让学生了解地球村广播站的功能和作用。

（2）学生能够通过实践活动，提高广播节目的制作和播报能力。

（3）培养学生对广播事业的热爱和尊重，增强学生对多元文化的理解。

(二)教学分析

1. 教学资源分析

实地资源：地球村内的广播站及其设备。

人员资源：学生、教师及可能的广播站工作人员或志愿者。

2. 学情分析

学生可能对地球村广播站的功能和作用有一定的了解，但缺乏实践经验。

学生对于参与广播节目的制作和播报的兴趣较高，但需要引导他们进行深入的参与。

学生具备一定的广播节目的制作和播报能力，但需要在活动中进一步锻炼和提高。

(三)教学过程

1. 实践活动安排

(1)课程导入：教师简要介绍地球村广播站的功能和作用，激发学生的兴趣。

(2)实地考察：学生进入地球村广播站，观察并了解广播站的设备和功能。

(3)参与制作：学生分组，每组选择一个主题，制作一个简单的广播节目，并进行播报。

2. 交流总结

(1)分享与交流：各小组回到教室，分享小组成员的制作经验和感受，其他小组可以进行提问和补充。

(2)讨论与思考：引导学生讨论广播事业的重要性、如何更好地参与广播节目的制作和播报等话题。

(3)总结与延伸：总结本课程的学习内容，强调参与广播节目的制作和播报的重要性。布置延伸任务，如与家人一起探讨家庭文化背景等。

(四)教学评价与反思

1. 教学评价

(1)学生对地球村广播站的功能和作用的了解程度。

(2)学生的广播节目制作和播报能力表现。

(3)学生对多元文化的态度。

(4)设计一次简单的知识测试，评估学生对地球村广播站的功能和作用的了解程度。

(5)通过小组报告的方式，评估学生的广播节目制作和播报能力。

(6)通过问卷或访谈，了解学生对多元文化的态度变化。

2. 教学反思

（1）课程是否有效地激发了学生的学习兴趣？

（2）活动是否充分体现了对多元文化的尊重和理解？

（3）是否需要在未来的教学中进一步完善教学内容？

五、地球村的文化交流活动策划

（一）教学目标

（1）学生能够了解文化交流活动策划的基本流程和要点。

（2）学生能够通过实践活动，提高文化交流活动策划的能力。

（3）培养学生对文化交流活动的热爱和尊重，增强对多元文化的理解和认同。

（二）教学分析

1. 教学资源分析

实地资源：地球村内的文化交流活动场所和相关设施。

人员资源：学生、教师及可能的志愿者或文化交流活动组织者。

2. 学情分析

学生可能对文化交流活动策划有一定的了解，但缺乏实践经验和技能。

学生对于参与文化交流活动策划的兴趣较高，但需要引导他们进行深入的参与。

学生具备一定的策划能力，但需要在活动中进一步锻炼和提高。

（三）教学过程

1. 实践活动安排

（1）课程导入：教师简要介绍文化交流活动策划的基本流程和要点，激发学生的兴趣。

（2）实地考察：学生进入地球村的文化交流活动场所，观察并记录文化交流活动的策划过程和要点。

（3）模拟策划：学生分组，每组选择一个文化交流活动主题，进行模拟策划，包括活动目标、内容、形式、时间、地点等。

2. 交流总结

（1）分享与交流：各小组回到教室，分享他们的模拟策划经验和感受，其他小组可以进行提问和补充。

（2）讨论与思考：引导学生讨论文化交流活动策划的重要性、如何更好地进行策划等话题。

（3）总结与延伸：总结本课程的学习内容，强调文化交流活动策划的重要性。布置延伸任务,如与家人一起探讨家庭文化背景等。

(四) 教学评价与反思

1. 教学评价

(1) 学生对文化交流活动策划的基本流程和要点的了解程度。

(2) 学生的文化交流活动策划能力表现。

(3) 学生对多元文化的态度。

(4) 设计一次简单的知识测试,评估学生对文化交流活动策划的基本流程和要点的了解程度。

(5) 通过小组报告的方式,评估学生的文化交流活动策划能力。

(6) 通过问卷或访谈,了解学生对多元文化的态度变化。

2. 教学反思

(1) 课程是否有效地激发了学生的学习兴趣?

(2) 活动是否充分体现了对多元文化的尊重和理解?

(3) 是否需要在未来的教学中进一步完善和改进?

六、地球村公寓环保教育活动

(一) 教学目标

(1) 学生能够了解公寓环保的重要性和方法。

(2) 学生能够通过实践活动,增强保护环境的意识。

(3) 培养学生对环保事业的热爱和尊重,增强对地球家园的责任感。

(二) 教学分析

1. 教学资源分析

实地资源:地球村内的公寓楼及其设施。

人员资源:学生、教师及公寓管理人员或志愿者。

2. 学情分析

学生可能对公寓环保有一定的了解,但缺乏深入的实践。

学生对于参与公寓环保活动的兴趣较高,但需要引导他们进行深入的参与。

学生具备一定的环保意识,但需要在活动中进一步锻炼和提高。

(三) 教学过程

1. 实践活动安排

(1) 课程导入:教师简要介绍公寓环保的重要性和方法,激发学生的兴趣。

(2) 公寓调查:学生分组,对地球村内的公寓楼进行调查,包括公寓内的环境卫生、保洁情况、宿舍内务整理等方面。

(3）制订计划：根据调查结果，制订公寓环保改进计划，包括具体的行动措施和时间表。

(4）实践活动：学生在公寓内实施环保计划，如垃圾分类、节约用水、减少浪费等。

2. 交流总结

(1）分享与交流：学生回到教室，分享他们的公寓环保实践经验和感受，其他同学可以进行提问和补充。

(2）讨论与思考：引导学生讨论公寓环保的重要性、如何更好地进行公寓环保等话题。

(3）总结与延伸：总结本课程的学习内容，强调公寓环保的重要性。布置延伸任务，如与家人一起持续进行家庭环保活动等。

（四）教学评价与反思

1. 教学评价

(1）学生对公寓环保的重要性和方法的了解程度。

(2）学生的公寓环保实践能力。

(3）学生对地球家园的责任感。

(4）设计一个简单的知识测试，评估学生对公寓环保的重要性和方法的了解程度。

(5）通过小组报告的方式，评估学生的公寓环保实践能力。

(6）通过问卷或访谈，了解学生对地球家园责任感的变化。

2. 教学反思

(1）课程是否有效地激发了学生的学习兴趣？

(2）活动是否充分体现了对地球家园的责任感？

(3）是否需要在未来的教学中进一步完善和改进教学内容？

第三节　我眼中的地球村四季

一、教学目标

(1）学生能够了解摄影的基本技巧。

(2）学生能够通过实践活动，提高摄影技术和审美能力。

(3）培养学生对地球村美景的热爱，增强学生对自然和人文环境的尊重。

二、教学分析

(一) 教学资源分析

实地资源：地球村内的各个公寓楼及其周边环境。

设备资源：手机(具备摄影功能)。

(二) 学情分析

学生可能对摄影有一定的兴趣，但缺乏实践经验和技巧。

学生对于拍摄公寓楼和地球村美景的兴趣较高，但需要引导他们进行深入的探索。

三、教学过程

(一) 实践活动安排

(1) 课程导入：教师简要介绍摄影的基本技巧和构图原则，激发学生的兴趣。

(2) 实地考察：学生分组，选择地球村内的一幢公寓楼作为拍摄对象，观察并记录其美景和特色。

(3) 摄影实践：学生利用手机进行拍摄，尝试运用不同的构图技巧和光线效果，捕捉公寓楼的美丽瞬间。

(二) 交流总结

(1) 分享与交流：学生回到教室，展示他们的摄影作品，并分享拍摄过程中的心得和体会。其他同学可以进行观摩和评价。

(2) 讨论与思考：引导学生讨论摄影技巧的应用、如何更好地捕捉和表现公寓楼的美景等话题。学生也可以反思自己在拍摄过程中的不足之处，并提出改进意见。

(3) 总结与延伸：总结本课程的学习内容，强调摄影实践的重要性。布置延伸任务，如继续拍摄地球村的其他美景、探索更多的摄影技巧等。

四、教学评价与反思

(一) 教学评价

1. 评价内容

(1) 学生对摄影基本技巧和构图原则的了解程度。

(2) 学生的摄影技术和审美能力表现。

(3) 学生对地球村美景的欣赏和尊重态度。

2. 评价量表

表 7-4 "我眼中的地球村"四季课程评价量表

水平 4 优越表现	学生在活动中能完全理解课程内容,快速出色地完成驱动任务学习,活动中受到教师好评,能体现积极探索、团结协作的精神。学生在走进"地球村"四季活动中,全程遵守纪律。在整个活动中,小组成员分工明确,相互配合,相互帮助,成员之间相处融洽,行动统一。在分享交流中,小组成员都能客观正视本小组所存在的问题,并有明确的解决方案
水平 3 良好表现	学生在活动中能理解大部分课程内容,较好地完成学习任务,能体现团结协作的精神,配合完成教学任务。学生在活动时,全程纪律良好。在整个活动中,小组成员分工较明确,相互配合,相互帮助,完成任务表现良好。在分享交流中,小组成员大多能正视本小组所存在的问题,并有较明确的解决方案
水平 2 合格表现	学生能理解部分课程内容,能按时完成学习任务,在教师的引导下能做到团结协作。在活动中,小组成员在教师或组长的管理下能做到遵守纪律,相互帮助,按时完成任务。在分享交流中,个别小组成员能正视本小组所存在的问题,解决方案比较模糊
水平 1 须努力表现	学生在活动中不能理解课程内容,对本课程完全不感兴趣,不能按时完成学习任务,团结协作性较差。在活动中,大多数学生没能遵守纪律。在整个活动中,小组成员意见相悖,没能相互配合,相互帮助,无法按时完成任务。在分享交流中,小组成员不能正视本小组所存在的问题,态度消极怠慢

(二) 教学反思

(1) 课程是否有效地激发了学生的学习兴趣?

(2) 活动是否充分体现了对自然和人文环境的尊重?

(3) 是否需要在未来的教学中进一步完善教学内容?

附:我眼中的地球村四季解密活动

一、地球村四季 Vlog 小视频创作

(一) 教学目标

(1) 学生能够了解 Vlog 小视频的基本制作技巧和流程。

(2) 学生能够通过实践活动,提高视频制作能力和创意表达能力。

(3) 培养学生对地球村美景的热爱,增强学生对自然和人文环境的尊重。

(二) 教学分析

1. 教学资源分析

实地资源:地球村内的各个公寓楼及其周边环境。

设备资源:手机/相机、三脚架、麦克风等设备。

2. 学情分析

学生可能对 Vlog 小视频的制作有一定的兴趣,但缺乏实践经验和技巧。

学生对于拍摄公寓楼和地球村美景的兴趣较高,但需要引导他们进行深入的探索。

(三) 教学过程

1. 实践活动安排

(1) 课程导入:教师简要介绍 Vlog 小视频的基本制作流程和技巧,激发学生的兴趣。

(2) 选择主题:学生根据教师给定的主题,如"春日日出""公寓楼的一天"等,进行 Vlog 小视频的创作。

(3) 拍摄准备:学生确定拍摄地点、时间、设备等,并制订详细的拍摄计划。

(4) 拍摄过程:学生按照计划进行拍摄,注意运用不同的拍摄技巧和角度,捕捉公寓楼的美丽瞬间。

(5) 后期制作:学生利用视频编辑软件进行剪辑、配音、配乐等后期制作,完善 Vlog 小视频。

2. 交流总结

(1) 分享与交流:学生将创作的 Vlog 小视频上传到自己的自媒体账号,并在课堂上展示给其他同学,分享自己的创作心得和体会。

(2) 评选与收录:教师组织评选活动,选出优秀的 Vlog 小视频。这些优秀作品将被收录到东方绿舟官方自媒体账号,供更多人欣赏和学习。

(3) 总结与延伸:总结本课程的学习内容,强调 Vlog 小视频创作的重要性。布置延伸任务,如继续创作更多关于地球村的 Vlog 小视频、探索更多的视频制作技巧等。

(四) 教学评价与反思

1. 教学评价

(1) 学生对 Vlog 小视频的基本制作技巧和流程的了解程度。

(2) 学生的视频制作能力和创意表达能力表现。

(3) 学生对地球村美景的态度。

(4) 设计一个简单的知识测试,评估学生对 Vlog 小视频的基本制作技巧和流程的了解程度。

(5) 以小组报告的方式,评估学生的视频制作能力和创意表达能力表现。

(6) 通过问卷或访谈,了解学生对地球村美景态度的变化。

2. 教学反思

(1) 课程是否有效地激发了学生的学习兴趣?

(2）活动是否充分体现了对自然和人文环境的尊重？

(3）是否需要在未来的教学中进一步完善和改进教学内容？

二、地球村四季写生

（一）教学目标

(1）学生能够了解并掌握写生的基本技巧，包括构图、色彩运用等。

(2）学生能够通过实践活动，提高绘画能力和艺术感知能力。

(3）通过对地球村四季美景的热爱和欣赏，增强学生对自然和人文环境的尊重。

（二）教学分析

1. 教学资源分析

实地资源：地球村内的各个公寓楼及其周边环境，供学生进行实地观察和写生。

材料资源：画笔、颜料、画纸等绘画材料。

2. 学情分析

学生可能对绘画有一定的兴趣，但缺乏实践经验和技能。

学生对于描绘地球村四季美景活动的兴趣较高，但需要引导他们进行深入的探索。

（三）教学过程

1. 实践活动安排

(1）课程导入：教师简要介绍写生的基本技巧和重要性，激发学生的兴趣。

(2）实地观察：学生分组进入地球村内的各个公寓楼及其周边环境，观察并记录四季的景色和特点。

(3）写生实践：学生使用画笔和颜料，在画纸上描绘出观察到的四季景色。教师现场指导，解决学生在绘画过程中遇到的问题。

2. 交流总结

(1）分享与交流：各小组展示小组成员们的写生作品，分享创作经验和感受，其他小组可以进行欣赏和评价。

(2）讨论与思考：引导学生讨论在写生过程中的问题和挑战，分享解决方法和经验。同时，引导学生反思自己的绘画技巧和艺术感知能力，提出改进意见。

(3）总结与延伸：总结本课程的学习内容，强调写生在培养艺术感知能力中的重要性。布置延伸任务，如继续探索其他绘画技巧或创作更多关于地球村的写生作品等。

（四）教学评价与反思

1. 教学评价

(1）学生对写生基本技巧的掌握程度。

（2）学生的绘画技能和艺术感知能力表现。
（3）学生对地球村四季美景的态度。
（4）设计一个简单的知识测试，评估学生对写生基本技巧的掌握程度。
（5）通过作品展示和评价，评估学生的绘画技能和艺术感知能力表现。
（6）通过问卷或访谈，了解学生对地球村四季美景态度的变化。

2. 教学反思

（1）课程是否有效地激发了学生的学习兴趣？
（2）活动是否充分体现了对艺术创作的探索精神？
（3）是否需要在未来的教学中进一步完善教学内容？

第四节　地球村寻宝

一、教学目标

（1）学生能够了解并掌握地球村内的各国建筑特点和空间布局。
（2）学生能够通过实践活动，提高空间感知能力和团队合作能力。
（3）培养学生对多元文化的尊重和理解，增强学生的团队合作意识。

二、教学分析

（一）教学资源分析

实地资源：地球村内的 27 幢风格迥异的各国风情建筑，以及道路、树木、雕塑等，供学生进行定向寻宝活动。

材料资源：地图、指南针、标记旗等定向寻宝所需的工具和材料。

（二）学情分析

学生可能对地球村内的多元文化和建筑风格有一定的好奇心，但缺乏深入了解和实践的经验。

学生对于参与定向寻宝活动的兴趣较高，但需要引导他们进行深入的探索和团队合作。

三、教学过程

（一）实践活动安排

（1）课程导入：教师简要介绍地球村内的建筑风格，激发学生的探索兴趣。

(2) 准备工具和材料：学生分组，每组获得一张地球村的简化地图和指南针，以及标记旗等工具。

(3) 定向寻宝挑战：学生根据地图上的指示，使用指南针在地球村内寻找隐藏的宝藏。宝藏可以设置为与各国文化相关的知识卡片或文化符号等。在找到宝藏后，用标记旗标记位置。教师现场指导，解决学生在寻宝过程中遇到的问题。

(二) 交流总结

(1) 分享与交流：各小组分享他们的寻宝经验和感受，以及在寻宝过程中发现的有趣的文化现象。其他小组可以进行提问和补充。教师引导学生讨论在定向寻宝过程中的团队合作和解决问题的能力，分享解决方法和经验。

(2) 讨论与思考：引导学生反思在定向寻宝活动中的团队合作和解决问题的能力，提出改进意见。同时，教师可以引导学生思考如何在日常生活中尊重和理解多元文化。

(3) 总结与延伸：总结本课程的学习内容，强调定向寻宝在培养空间感知能力和团队合作能力中的重要性，以及尊重和理解多元文化的重要性。布置延伸任务，如探索地球村内其他有趣的文化现象或与其他班级进行定向寻宝比赛等。

四、教学评价与反思

(一) 教学评价

1. 评价内容

(1) 学生对地球村内建筑风格的了解程度。

(2) 学生的空间感知能力和团队合作能力表现。

(3) 学生对定向寻宝活动的热爱和兴趣程度，以及对多元文化的尊重和理解程度。

2. 评价量表

表7-5 "地球村寻宝"课程评价量表

水平4 优越表现	学生在活动中能完全理解课程内容，快速出色地完成驱动任务学习，活动中受到教师好评，能体现积极探索、团结协作的精神。学生在走进地球村寻宝挑战活动中，全程遵守纪律。在整个活动中，小组成员分工明确，相互配合，相互帮助，成员之间相处融洽，行动统一。在分享交流中，小组成员都能客观正视本小组所存在的问题，并有明确的解决方案
水平3 良好表现	学生在活动中能理解大部分课程内容，能较好地完成学习任务，能体现团结协作的精神，能配合完成教学任务。学生在活动中，全程纪律良好。在整个活动中，小组分工较明确，相互配合，相互帮助，完成任务表现良好。在分享交流中，小组成员大多能正视本小组所存在的问题，并有较明确的解决方案

(续表)

水平 2 合格表现	学生能理解部分课程内容,能按时完成学习任务,在教师的引导下能做到团结协作。在活动中,小组成员在教师或组长的管理下能做到遵守纪律,相互帮助,按时完成任务。在分享交流中,个别小组成员能正视本小组所存在的问题,解决方案比较模糊
水平 1 须努力表现	学生在活动中不能理解课程内容,对本课程完全不感兴趣,不能按时完成学习任务,团结协作性较差。在活动中,大多数学生没能遵守纪律。在整个活动中,小组成员意见相悖,没能相互配合,相互帮助,无法按时完成任务。在分享交流中,小组成员不能正视本小组所存在的问题,态度消极怠慢

(二)教学反思

(1)课程是否有效地激发了学生的学习兴趣?

(2)活动是否充分体现了对团队合作的重视以及对多元文化的尊重和理解?

(3)是否需要在未来的教学中进一步完善教学内容?

附:无线电测向寻宝实训

(一)教学目标

(1)学生能够了解无线电测向的基本原理和方法。

(2)学生能够通过实践活动,提高无线电测向技能和空间感知能力。

(3)培养学生对无线电测向活动的热爱和兴趣,增强学生对团队合作的重视。

(二)教学分析

1. 教学资源分析

实地资源:地球村内的各个区域,包括建筑、树木、雕塑等,供学生进行无线电测向活动。

材料资源:无线电测向机、标记旗等无线电测向所需的工具和材料。

2. 学情分析

学生可能对无线电测向活动有一定的兴趣,但缺乏实践经验和技能。

学生对于参与无线电测向活动的兴趣较高,但需要引导他们进行深入的探索。

(三)教学过程

1. 实践活动安排

(1)课程导入:教师简要介绍无线电测向的基本原理和方法,激发学生的兴趣。

(2)准备活动工具和材料:学生分组,每组获得一台无线电测向机、一张地图和标记旗等工具。

(3) 无线电测向寻宝挑战：学生根据地图上的指示，使用无线电测向机寻找隐藏的宝藏。在找到宝藏后，用标记旗标记位置。教师现场指导，解决学生在寻宝过程中遇到的问题。

2. 交流总结

(1) 分享与交流：各小组分享他们的寻宝经验和感受，其他小组可以进行提问和补充。教师引导学生讨论在无线电测向寻宝过程中的问题和挑战，分享解决方法和经验。

(2) 讨论与思考：引导学生反思在无线电测向寻宝活动中的团队合作和解决问题的能力，提出改进意见。同时，教师也可以引导学生思考如何将无线电测向的原理和方法应用到日常生活中。

(3) 总结与延伸：总结本课程的学习内容，强调无线电测向在培养空间感知能力和团队合作能力中的重要性。布置延伸任务，如探索其他类型的无线电测向活动或与其他班级进行无线电测向比赛等。

(四) 教学评价与反思

1. 教学评价

(1) 学生对无线电测向基本原理和方法的掌握程度。
(2) 学生的无线电测向技能和空间感知能力表现。
(3) 学生对无线电测向寻宝活动的兴趣程度。
(4) 设计一个简单的知识测试，评估学生对无线电测向基本原理和方法的掌握程度。
(5) 观察学生的实践活动，评估学生的无线电测向技能和空间感知能力表现。
(6) 通过问卷或访谈，了解学生对无线电测向寻宝活动的兴趣程度变化。

2. 教学反思

(1) 课程是否有效地激发了学生的学习兴趣？
(2) 活动过程是否充分体现了对团队合作的重视？
(3) 是否需要在未来的教学中进一步完善教学内容？

第五节　地球村雕塑之美

一、教学目标

(1) 学生能够了解雕塑的基本概念、特点和分类。
(2) 学生能够通过实践活动，提高对雕塑艺术品的欣赏能力和审美意识。

(3) 培养学生对雕塑艺术品的热爱和尊重,增强学生对艺术文化的理解和认同。

二、教学分析

(一) 教学资源分析

实地资源:地球村内的雕塑艺术品展示区或文化中心。

人员资源:学生、教师及可能的雕塑艺术家或志愿者。

(二) 学情分析

学生可能对雕塑有一定的了解,但了解不够深入。

学生对于参与雕塑艺术品欣赏活动的兴趣较高,但需要引导他们进行深入的参与。

三、教学过程

(一) 实践活动安排

(1) 课程导入:教师简要介绍雕塑的基本概念、特点和分类,激发学生的兴趣。

(2) 实地考察:学生进入地球村内的雕塑艺术品展示区或文化中心,观察并了解不同雕塑的特点和表现。

(3) 体验活动:学生参与各种雕塑艺术品的体验活动,如触摸雕塑材质、了解雕塑背景等。

(二) 交流总结

(1) 分享与交流:各小组回到教室,分享他们的雕塑艺术品欣赏经验和感受,其他小组可以进行提问和补充。

(2) 讨论与思考:引导学生讨论雕塑艺术品的重要性、如何更好地欣赏和理解雕塑艺术品等话题。

(3) 总结与延伸:总结本课程的学习内容,强调雕塑艺术品的重要性。布置延伸任务,如与家人一起探讨家附近的雕塑作品等。

四、教学评价与反思

(一) 教学评价

1. 评价内容

(1) 学生对雕塑的基本概念、特点和分类的了解程度。

(2) 学生的雕塑艺术品的欣赏能力和审美意识表现。

(3) 学生对雕塑艺术品的态度。

2. 评价量表

表 7-6 "地球村雕塑之美"课程评价量表

水平 4 优越表现	学生在活动中能完全理解课程内容,快速出色地完成驱动任务学习,活动中受到教师好评,能体现积极探索、团结协作的精神。在活动过程中,全程遵守纪律。在整个活动中,小组成员分工明确,相互配合,相互帮助,成员之间相处融洽,行动统一。在分享交流中,小组成员都能客观正视本小组所存在的问题,并有明确的解决方案
水平 3 良好表现	学生在活动中能理解大部分课程内容,较好地完成学习任务,能体现团结协作精神,配合完成教学任务。学生在活动时,全程纪律良好。在整个活动中,小组成员分工较明确,相互配合,相互帮助,完成任务表现良好。在分享交流中,小组成员大多能正视本小组所存在的问题,并有较明确的解决方案
水平 2 合格表现	学生能理解部分课程内容,能按时完成学习任务,在教师的引导下能做到团结协作。在活动中,小组成员在教师或组长的管理下能做到遵守纪律,相互帮助,按时完成任务。在分享交流中,个别小组成员能正视本小组所存在的问题,解决方案比较模糊
水平 1 须努力表现	学生在活动中不能理解课程内容,对本课程完全不感兴趣,不能按时完成学习任务,团结协作性较差。在活动中,大多数学生没能遵守纪律。在整个活动中,小组成员意见相悖,没能相互配合,相互帮助,无法按时完成任务。在分享交流中,小组成员不能正视本小组所存在的问题,态度消极怠慢

(二) 教学反思

(1) 课程是否有效地激发了学生的学习兴趣?

(2) 活动过程是否充分体现了对艺术文化的尊重和理解?

(3) 是否需要在未来的教学中进一步完善教学内容?

附:橡皮泥雕塑作品展示

(一) 教学目标

(1) 学生能够了解橡皮泥的基本特性及其在雕塑创作中的应用。

(2) 学生能够通过实践活动,提高橡皮泥雕塑的创作能力和技巧。

(3) 培养学生对雕塑创作的热爱和兴趣,增强对艺术创作的自信心和创造力。

(二) 教学分析

1. 教学资源分析

材料资源:橡皮泥、雕塑工具、创作辅助材料等。

人员资源:学生、教师及可能的雕塑艺术家或志愿者。

2. 学情分析

学生可能对橡皮泥雕塑有一定的兴趣,但缺乏实践经验和技能。

学生对于参与橡皮泥雕塑创作活动的兴趣较高,但需要引导他们进行深入的探索。

(三)教学过程

1. 实践活动安排

(1)课程导入:教师简要介绍橡皮泥的基本特性及其在雕塑创作中的应用,激发学生的兴趣。

(2)创作准备:学生选择合适的橡皮泥颜色和质地,准备雕塑工具和创作辅助材料。

(3)创意构思:学生分组讨论并确定雕塑作品的创意和主题,进行初步的草图设计。

(4)创作实践:学生利用橡皮泥进行雕塑作品的创作,运用不同的手法和技巧塑造形态。

(5)修饰和完善:学生对雕塑作品进行修饰,完善作品的细节和质感。

2. 交流总结

(1)分享与交流:各小组展示他们的橡皮泥雕塑作品,分享创作经验和感受,其他小组可以进行赏析和评价。

(2)讨论与思考:引导学生讨论在橡皮泥雕塑创作过程中的问题和挑战,分享解决方法和经验。

(3)总结与延伸:总结本课程的学习内容,强调橡皮泥雕塑创作的重要性。布置延伸任务,如继续探索其他材质的雕塑创作等。

(四)教学评价与反思

1. 教学评价

(1)学生对橡皮泥的基本特性及其在雕塑创作中的应用的了解程度。

(2)学生的橡皮泥雕塑创作能力和技巧表现。

(3)学生对雕塑创作的热情和创造力。

(4)设计一个简单的知识测试,评估学生对橡皮泥的基本特性和应用的了解程度。

(5)以小组报告的方式,评估学生的橡皮泥雕塑创作能力和技巧表现。

(6)通过作品展示和评价,了解学生的创作热情和创造力。

2. 教学反思

(1)课程是否有效地激发了学生的学习兴趣?

(2) 活动是否充分体现了对艺术创作的探索精神？
(3) 是否需要在未来的教学中进一步完善教学内容？

第六节　地球村音乐小舞台

一、教学目标

(1) 学生能够了解并欣赏不同音乐类型和风格。
(2) 学生能够通过展示自己的音乐才艺，增强自信心，提高表达能力。
(3) 培养学生对音乐的热爱、尊重和欣赏。

二、教学分析

(一) 教学资源分析

实地资源：地球村内的各个区域，提供学生搭建"音乐小舞台"的空间。
材料资源：音响设备、乐器、舞蹈道具等，供学生进行音乐才艺展示。

(二) 学情分析

学生可能具有不同的音乐才艺，如唱歌、演奏乐器等。
学生对于展示自己的音乐才艺有一定的兴趣和积极性，但需要教师的引导和鼓励。

三、教学过程

(一) 实践活动安排

(1) 课程导入：教师简要介绍本次活动的主题和目标，激发学生对音乐才艺展示的兴趣。
(2) 准备活动：学生分组，每组选择一种音乐才艺进行准备。教师提供必要的指导和支持，帮助学生完善自己的表演。
(3) 音乐才艺展示：学生在地球村内搭建的"音乐小舞台"上展示自己的音乐才艺。每个小组轮流表演，其他小组观看。教师现场指导，确保活动的顺利进行。

(二) 交流总结

(1) 分享与交流：各小组分享他们的表演经验和感受，其他小组可以进行提问和补充。教师引导学生讨论不同风格音乐的特点和魅力，以及如何在表演中展现自己的个性和才华。

(2) 总结与延伸：总结本课程的学习内容，强调音乐才艺展示在培养自信和表达能力中的重要性。布置延伸任务，如探索其他音乐风格，或与其他班级进行音乐才艺交流等。

四、教学评价与反思

(一) 教学评价

1. 评价内容

(1) 学生的音乐才艺表现。

(2) 学生的自信心和表达能力。

(3) 学生对不同风格音乐的了解和欣赏程度。

2. 评价量表

表7-7 "地球村音乐小舞台"课程评价量表

水平4 优越表现	学生在活动中能完全理解课程内容，快速出色地完成驱动任务学习，活动中受到教师好评，能体现积极探索、团结协作的精神。学生在地球村音乐小舞台挑战活动中，全程遵守纪律。在整个活动中，小组成员分工明确，相互配合，相互帮助，成员之间相处融洽，行动统一。在分享交流中，小组成员都能客观正视本小组所存在的问题，并有明确的解决方案
水平3 良好表现	学生在活动中能理解大部分课程内容，较好地完成学习任务，能体现团结协作精神，配合完成教学任务。学生在活动时，全程纪律良好。在整个活动中，小组成员分工较明确，相互配合，相互帮助，完成任务表现良好。在分享交流中，小组成员大多能正视本小组所存在的问题，并有较明确的解决方案
水平2 合格表现	学生能理解部分课程内容，能按时完成学习任务，在教师的引导下能做到团结协作。在活动中，小组成员在教师或组长的管理下能做到遵守纪律，相互帮助，按时完成任务。在分享交流中，个别小组成员能正视本小组所存在的问题，解决方案比较模糊
水平1 须努力表现	学生在活动中不能理解课程内容，对本课程完全不感兴趣，不能按时完成学习任务，团结协作性较差。在活动中，大多数学生没能遵守纪律。在整个活动中，小组成员意见相悖，没能互相配合，相互帮助，无法完成任务。在分享交流中，小组成员不能正视本小组所存在的问题，态度消极怠慢

(二) 教学反思

(1) 课程是否有效地激发了学生的学习兴趣和热情？

(2) 学生的音乐才艺是否得到了充分展示？

(3) 如何更好地支持和鼓励学生展示自己的音乐才华？

附：音乐创作活动

（一）教学目标

(1) 学生能够了解音乐创作的基本原理和方法。

(2) 学生能够通过实践活动，提高音乐创作能力和表达能力。

(3) 培养学生对音乐创作的热爱和兴趣，增强学生对团队合作的重视。

（二）教学分析

1. 教学资源分析

实地资源：地球村内的各个区域，提供学生创作和分享音乐的场所。

材料资源：乐器、音响设备、创作工具等，供学生进行音乐创作。

2. 学情分析

学生可能对音乐创作有一定的兴趣和热情，但缺乏实践经验和技能。

学生对于参与音乐创作和分享有一定的兴趣，但需要教师的引导和鼓励。

（三）教学过程

1. 实践活动安排

(1) 课程导入：教师简要介绍音乐创作的基本原理和方法，激发学生的兴趣。

(2) 准备工具和材料：学生分组，每组获得乐器、音响设备、创作工具等。

(3) 音乐创作挑战：学生根据主题或自由创作自己的音乐作品，包括歌词、曲调等。教师现场指导，解决学生在创作过程中遇到的问题。

2. 交流总结

(1) 分享与交流：各小组分享他们的音乐作品和创作经验，其他小组可以欣赏和提问。教师引导学生讨论音乐创作的技巧和方法，以及如何与其他同学分享和交流自己的作品。

(2) 讨论与思考：引导学生反思在音乐创作过程中的团队合作和解决问题的能力，提出改进意见。同时，教师也可以引导学生思考如何将音乐创作的原理和方法应用到日常生活中。

(3) 总结与延伸：总结本课程的学习内容，强调音乐创作对于提高表达能力的重要作用。布置延伸任务，如探索其他类型的音乐创作或与其他班级进行音乐创作比赛等。

（四）教学评价与反思

1. 教学评价

(1) 学生的音乐创作能力和表达能力表现。

(2) 学生对音乐创作的兴趣程度。

（3）设计一个简单的评价表，对学生的创作技巧、歌词曲调质量、表达能力等方面进行评估。

（4）观察学生的实践活动和作品分享，评估学生的音乐创作能力和表达能力。

2. 教学反思

（1）课程是否有效地激发了学生的学习兴趣和热情？

（2）学生的音乐创作能力和表达能力是否得到了充分展示？

（3）如何更好地支持和鼓励学生进行音乐创作和分享？

参考文献

［1］钟启泉,崔允漷.《教师教育课程标准（试行）》解读［M］.北京：北京师范大学出版社,2013.

［2］骆玲芳,崔允漷.学校课程规划与实施［M］.上海：华东师范大学出版社,2006.

［3］杨向东,崔允漷.课堂评价：促进学生的学习和发展［M］.上海：华东师范大学出版社,2012.

［4］巴克教育研究所.项目学习教师指南：21世纪的中学教学法［M］.2版.任伟,译.北京：教育科学出版社,2008.

［5］闫寒冰.信息化教学评价：量规实用工具［M］.北京：教育科学出版社,2003.

［6］袁顶国,何晓燕.课堂教学设计［M］.北京：人民教育出版社,2011.

［7］吴献文,薛志良,谢树新.项目式课程教学中技能训练评价设计与实践［J］.信息系统工程,2012(11)：146-148.

［8］高源.基于项目的学习与21世纪技能［J］.文教资料,2012(29)：164-165.

［9］中华人民共和国教育部.义务教育科学课程标准（2022年版）［S］北京：北京师范大学出版社,2022.